Deutsch LF
Baden-Württemberg

STARK

Bildnachweis
S. 12: picture alliance / Stephan Persch | Stephan Persch
S. 28: Van Vechten, Carl, 1880 –1964: Porträt von Thomas Mann, LC-USZ62-42522

© 2022 Stark Verlag GmbH
www.stark-verlag.de

Das Werk und alle seine Bestandteile sind urheberrechtlich geschützt. Jede vollständige oder teilweise Vervielfältigung, Verbreitung und Veröffentlichung bedarf der ausdrücklichen Genehmigung des Verlages. Dies gilt insbesondere für Vervielfältigungen, Mikroverfilmungen sowie die Speicherung und Verarbeitung in elektronischen Systemen.

Inhalt

Georg Büchner: Woyzeck

- 4 Biografie
- 6 Inhalt
- 8 Aufbau und Form
- 10 Deutungsansätze

Juli Zeh: Corpus Delicti

- 12 Biografie
- 14 Inhalt
- 16 Aufbau und Form
- 18 Deutungsansätze

Franz Kafka: Der Verschollene

- 20 Biografie
- 22 Inhalt
- 24 Aufbau und Form
- 26 Deutungsansätze

Thomas Mann: Bekenntnisse des Hochstaplers Felix Krull

- 28 Biografie
- 30 Inhalt
- 32 Aufbau und Form
- 34 Deutungsansätze

Reiselyrik

- 36 Kleine Literaturgeschichte der Reiselyrik

Inhalt

Allgemeines

42 Literaturgeschichte

48 Textsorten

50 Stilmittel

Was erwartet mich?

Die **Schwerpunktthemen für das Leistungsfach-Deutschabitur in Baden-Württemberg 2023** (allgemein bildende Gymnasien) sind breit gestreut und reichen von Georg Büchners *Woyzeck* über Franz Kafkas *Der Verschollene*, Thomas Manns *Bekenntnisse des Hochstaplers Felix Krull* und Juli Zehs *Corpus Delicti* bis hin zum epochenübergreifenden Thema der Reiselyrik. Bei diesen unterschiedlichen Themen ist es nicht immer leicht, den Überblick zu behalten. Ihnen dabei zu helfen, ist das Hauptanliegen des vorliegenden Büchleins.

- Die Doppelseiten beginnen mit einem **Schaubild**, das ein schnelles Erfassen des Themas ermöglicht und seine zentralen Merkmale veranschaulicht. Durch die grafische Gestaltung werden Zusammenhänge auf einen Blick deutlich und sind leichter zu behalten.

- Das **Kästchen** neben den Grafiken vermittelt wissenswerte, interessante oder kuriose Zusatzinformationen zum Thema. Diese gehören sicher nicht zum Standardwissen, können aber dabei helfen, sich die abiturrelevanten Inhalte besser einzuprägen.

- Zu den literarischen Werken ist zunächst eine **Biografie** der Autor*innen abgedruckt. Diese vermittelt Wissenswertes zu deren Kindheit, Studienzeit und Arbeitsleben und gibt Einblicke in ihre private und berufliche Welt.

- Die Doppelseiten zum **Inhalt** fassen die Handlung der Werke prägnant zusammen. Es folgt eine strukturierte Übersicht zu **Aufbau und Form** sowie zu einzelnen **Deutungsansätzen**.

- Das Kapitel zur **Reiselyrik** bietet auf drei Doppelseiten eine **kurze Literaturgeschichte dieses Genres**, die die Schwerpunkte und zentralen Aspekte in den jeweiligen Epochen vorstellt. Das dazugehörige Schaubild zeigt **dominierende Themen und Motive** der Reiselyrik und Ausschnitte aus einzelnen Gedichten veranschaulichen die genannten Aspekte am konkreten Beispiel.

- Im Kapitel **Allgemeines** fasst eine **Mini-Literaturgeschichte** die zentralen Epochen vom Barock bis zur Gegenwart knapp zusammen – bezogen auf alle Gattungen. Außerdem stellt eine Doppelseite die wichtigsten Merkmale der für das Abitur relevanten **Textsorten** dar. Eine **Stilmittel-Übersicht** mit gut zu merkenden Beispielen schließt das Kapitel ab.

Der STARK Verlag wünscht Ihnen mit dem Buch viel Freude und für das Abitur viel Erfolg!

Das vorliegende Buch bezieht sich bei Seitenangaben auf die folgenden Textausgaben:
Franz Kafka: Der Verschollene. Stuttgart: Reclam 2013.
Thomas Mann: Bekenntnisse des Hochstaplers Felix Krull, Der Memoiren erster Teil. Frankfurt a. M.: Fischer 2010.
Juli Zeh: Corpus Delicti, Ein Prozess. München: btb Verlag 2010.

Georg Büchner: *Woyzeck*

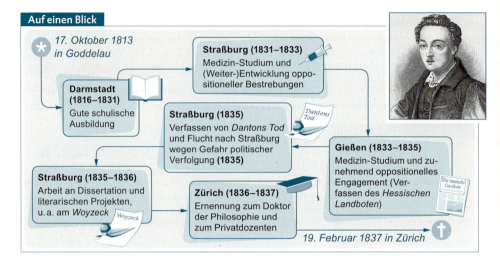

Auf einen Blick

- 17. Oktober 1813 in Goddelau
- Darmstadt (1816–1831): Gute schulische Ausbildung
- Straßburg (1831–1833): Medizin-Studium und (Weiter-)Entwicklung oppositioneller Bestrebungen
- Straßburg (1835): Verfassen von *Dantons Tod* und Flucht nach Straßburg wegen Gefahr politischer Verfolgung (1835)
- Gießen (1833–1835): Medizin-Studium und zunehmend oppositionelles Engagement (Verfassen des *Hessischen Landboten*)
- Straßburg (1835–1836): Arbeit an Dissertation und literarischen Projekten, u. a. am *Woyzeck*
- Zürich (1836–1837): Ernennung zum Doktor der Philosophie und zum Privatdozenten
- 19. Februar 1837 in Zürich

Kindheit und Jugend in Darmstadt (1813–1831)

- Geburt am 17. Oktober 1813 in Goddelau bei Darmstadt (Hessen) als erstes von sechs Kindern
- **Vater** Ernst Karl Büchner: **Arzt** (Chirurg); **Mutter** Louise Caroline Büchner
- 1816: Umsiedelung nach **Darmstadt** wegen neuer Stelle des Vaters
- Bildung des Kindes durch frühen **Privatunterricht** der Mutter → Lesen, Schreiben, Rechnen
- 1821–1825: Besuch der gut ausgestatteten „Privat-Erziehungs- und Unterrichts-Anstalt"
  → **umfassender Unterricht** – u. a. verschiedene Fremdsprachen und naturkundliche Fächer
- ab 1825: Besuch des angesehenen „Pädagogiums" (Ludwig-Georgs-Gymnasium) in Darmstadt
  → **breit gefächerte Ausbildung**, u. a. auch in Rhetorik und Alten Sprachen
- Beförderung des **Geschichtsinteresses** u. a. durch den Vater, der aus der Zeitschrift *Unsere Zeit* vorlas, in der die Ereignisse während der Napoleonischen Kriege geschildert werden
- Lesekreis mit Mitschülern (u. a. mit Karl Minnigerode): Begeisterung für Shakespeare
- auch ansonsten **Interesse für Werke der großen Autoren** (Homer, Sophokles, Goethe etc.)
- zweimaliges Halten einer Rede bei Semesterabschlussfeiern – u. a. Begeisterung für den freiheitsliebenden Cato, der sich selbst tötete, um sich nicht Cäsar unterordnen zu müssen
- gegen Ende der Schulzeit zunehmend **Sympathie für radikale Positionen**, wie sie in der **Französischen Revolution** vertreten wurden
- 1831: **Schulabschluss** (gutes Zeugnis z. B. in Deutsch und Latein, schlechtes Zeugnis in Mathe)

Studium in Straßburg (1831–1833)

- 1831: Beginn des **Studiums an der Medizinischen Fakultät** der **Universität Straßburg**
- Beginn der Liebe zu **Wilhelmine Jaeglé**, bei deren Vater Johann Jakob (Pfarrer) Büchner wohnt
- Lektüre sozialrevolutionärer Schriften – Entwicklung republikanisch-freiheitlicher Vorstellungen
- Dauergast bei Studentenverbindung „Eugenia": neben theologischen und studentischen auch politische Themen → Büchner mit **engagierten, obrigkeitskritischen Überzeugungen**
- Ende 1832: Verschlechterung der Stimmung bei Büchner wegen beengter Atmosphäre in Straßburg (im Vergleich zu Darmstadt)

Biografie

- 1833: heimliche **Verlobung mit Wilhelmine Jaeglé**
- April 1833: Brief der Eltern über die Beteiligung einiger „Pädagogiums"-Schüler am umstürzlerischen **Frankfurter Wachensturm** → Büchners Versicherung, an solchen Aktionen nicht teilzunehmen – aber keine strikte Verurteilung von **Gewalt** als Mittel gesellschaftlicher Veränderung
- Sommer 1833: **Weggang aus Straßburg** → zunächst Aufenthalt in Darmstadt, wo einige seiner ehemaligen Mitschüler wegen des Verdachts, an politischen Unruhen beteiligt gewesen zu sein, verhaftet worden sind → u. a. Falschaussage Büchners, um einen von ihnen zu entlasten

Studium in Gießen (1833–1835)

- 1833: Fortsetzung des **Studiums an der Medizinischen Fakultät** der **Universität Gießen**
- 1834: Bekanntschaft mit dem Schulrektor und **Oppositionellen Dr. Friedrich L. Weidig**
- Lektüre von **Werken** über die **Französische Revolution** → sogenannter „Fatalismus"-Brief an Wilhelmine, in dem Büchner einen „gräßlichen Fatalismus der Geschichte" feststellt
- Gründung der geheimen **oppositionellen „Gesellschaft der Menschenrechte"** in Gießen
- Juli 1834: Druck der von Büchner verfassten und von Weidig entschärften Flugschrift *Der Hessische Landbote* → heftige **Anklage der Obrigkeit** wegen der **gesellschaftlichen Ungerechtigkeiten** → Parole: „Friede den Hütten! Krieg den Palästen!"
- Verhaftung Minnigerodes (Freund Büchners) wegen des Besitzes von 150 Kopien der Flugschrift
- **Durchsuchung der Wohnung und Vernehmung Büchners**
- Winter 1834/35: Aufenthalt in Darmstadt bei den Eltern → **Vorarbeiten** zu *Dantons Tod* (Buchrecherchen zur Französischen Revolution) → Januar/Februar 1835: **Niederschrift von *Dantons Tod*** unter dem Druck, das Werk schnell abzuschließen (wegen drohender Polizeiermittlung)
- März 1835: **Flucht nach Straßburg**, nachdem Büchner nicht persönlich bei einer gerichtlichen Vorladung erschienen war und fürchten musste, steckbrieflich gesucht zu werden
- vorzensierter **Vorabdruck** von *Dantons Tod* in der Zeitschrift *Phönix*

Straßburg und Zürich (1835–1837)

- viele Verhaftungen von Freunden und Verbündeten (u. a. Friedrich Weidig)
- Übersetzungen von Dramen Victor Hugos für den Verleger Sauerländer
- **Veröffentlichung** der **Buchausgabe von *Dantons Tod*** im Juli 1835
- Arbeit an der Erzählung *Lenz*
- Herbst/Winter 1835/36: Intensivierung der **Doktorarbeit** (nervliche Verbindungen bei Fischen)
- zweite Hälfte des Jahres 1836: **Arbeit an den Dramen *Woyzeck* und *Leonce und Lena***
- Promotion zum **Doktor der Philosophie** an der Universität Zürich, Umzug nach Zürich, Ernennung zum Privatdozenten – Beginn universitärer Lehre
- Tod nach schwerer Erkrankung an Typhus am 19. Februar 1837
- Drama *Woyzeck* erst 1879 veröffentlicht und 1913 im Residenztheater München uraufgeführt

Werkauswahl

- Drama *Dantons Tod* (verf. 1835): Darstellung des von konträren Weltbildern geprägten Konflikts über die Fortführung der Französischen Revolution am Schicksal des Politikers Danton
- Novelle/Erzählung *Lenz* (verf. 1835): Schilderung der zunehmenden geistigen Verwirrtheit des Schriftstellers Jakob Michael Reinhold Lenz
- Lustspiel *Leonce und Lena* (verf. 1836): verwickelte Liebesgeschichte zweier Königskinder als satirische Karikatur zeitgenössischer Kleinstaaten und humorvolle Distanzierung von der Romantik

Auf einen Blick

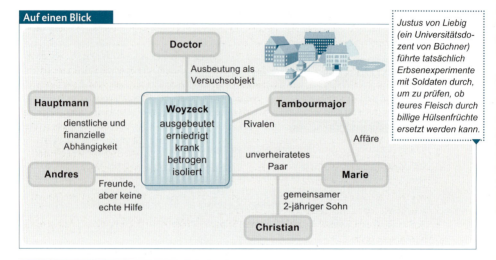

Justus von Liebig (ein Universitätsdozent von Büchner) führte tatsächlich Erbsenexperimente mit Soldaten durch, um zu prüfen, ob teures Fleisch durch billige Hülsenfrüchte ersetzt werden kann.

Woyzeck, Dramenfragment mit 27. Szenen

- **1. Szene, Freies Feld. Die Stadt in der Ferne:** einfache Soldaten Woyzeck und Andres beim Schneiden von Stöcken → Woyzecks **Wahnvorstellung**, dass sie sich an einer Hinrichtungsstätte der Freimaurer befänden und der Boden unter ihnen hohl sei; Wahrnehmung von Stimmen und Zeichen am Himmel
- **2. Szene, In der Stadt:** Tambourmajor mit Militärkapelle an Maries offenem Fenster vorbei: Marie mit ihrem kleinen Jungen auf dem Arm; Streit mit der Nachbarin Margareth wegen eines Flirts mit dem attraktiven Tambourmajor; Besuch von Woyzeck an Maries Fenster: Schilderung seiner Wahnvorstellungen, zunehmende Sorge Maries um Woyzeck
- **3. Szene, Buden. Lichter. Stadt:** Woyzeck und Marie auf dem Jahrmarkt; Vortrag des Ausrufers über Tiere mit magischen Fähigkeiten und über die fließende **Grenze zwischen Mensch und Tier** → Marie im Blickfeld des Tambourmajors, gelangt mithilfe des Unteroffizier zu Tambourmajor in die erste Reihe in der Jahrmarktsbude
- **4. Szene, Maries Kammer:** Selbstbetrachten Maries im Spiegel mit den neuen Ohrringen vom Tambourmajor → Beklagen der Ungleichheit der Menschen, Feststellen ihrer eigenen Schönheit; Eintreten Woyzecks, in dem beim Anblick der Ohrringe ein **Verdacht** aufkommt; Überreichen seines Wochenlohns, Anflug von schlechtem Gewissen bei Marie
- **5. Szene, Zimmer:** Rasieren des Hauptmanns als Woyzecks Nebenverdienst: Woyzeck vom Hauptmann zur Langsamkeit ermahnt; Woyzeck sei laut Hauptmann ein guter Mensch, ihm fehle aber Moral, was sein uneheliches Kind beweise → Woyzecks Rechtfertigung mit der Liebe Gottes für alle Menschen und mit der Unmöglichkeit, als armer Mensch **moralisch** und tugendhaft leben zu können
- **6. Szene, Gasse:** intensiver Flirt und Körperkontakt zwischen Tambourmajor und Marie
- **7. Szene, Gasse:** Konfrontation zwischen Marie und Woyzeck, der die Begegnung zwischen ihr und Tambourmajor beobachtet hat → Maries abwehrende und gleichgültige Reaktion
- **8. Szene, Labor des Doctors:** Ärger des Doctors, dass Woyzeck „an die Wand gepisst" hat, obwohl er im Rahmen einer bezahlten Erbsendiät Urinproben abgeben muss

Inhalt

→ Gedanken des Doctors über die **Dominanz der Willensfreiheit** des Menschen über die tierische Natur; Woyzecks Bericht über die „doppelte Natur" → begeisterter Doctor diagnostiziert eine durch das Experiment versursachte **Psychose**
- **9. Szene, Straße:** Klagen des Hauptmanns über Hektik und über seine **Melancholie** vor dem Doctor, der vernichtendes Urteil über den körperlichen Zustand und über die Lebenserwartung des Hauptmanns fällt; Erscheinen Woyzecks: Anspielungen des Hauptmanns auf die Affäre zwischen Marie und Tambourmajor → Woyzeck davon tief getroffen und verstört
- **10. Szene, Der Hof des Professors:** Woyzeck als **Anschauungsobjekt** in der Vorlesung eines Professors, der aus Erkenntnisinteresse Katze aus Fenster werfen will; Aufruf des Doctors an die Studenten, Woyzeck zu betrachten, der von vierteljähriger Erbsendiät **völlig entkräftet** ist
- **11. Szene, Wachstube:** Lärm von Musik und Tanz in der Nähe der Wachstube der Soldaten → Entschluss des misstrauischen Woyzeck, sich zu Menschenmenge zu begeben
- **12. Szene, Wirtshaus:** Marie und Tambourmajor beim gemeinsamen Tanz heimlich von Woyzeck beobachtet: **Wut** und **Eifersucht**, aber auch **Bewunderung** der Schönheit Maries; pseudophilosophische Predigt eines Handwerksburschen
- **13. Szene, Freies Feld:** Woyzeck vernimmt Stimmen im Boden und im Wind, die ihm befehlen, Marie zu erstechen
- **14. Szene, Zimmer in der Kaserne:** schlafloser Woyzeck weiterhin von Stimmen verfolgt
- **15. Szene, Wirtshaus: Protzerei** des Tambourmajors; Wortgefecht und Kampf zwischen Tambourmajor und Woyzeck → Niederlage Woyzecks, leise **Drohung**
- **16. Szene, Trödlerladen:** Kauf eines Messers durch Woyzeck
- **17. Szene, Maries Kammer:** Marie von **Schuldgefühlen** geplagt, aber außerstande und unwillig, ihr Verhalten zu ändern → Suche nach tröstlichen Geschichten in der Bibel; Klage über Woyzecks Fernbleiben
- **18. Szene, Kaserne:** Woyzeck verschenkt seine Habseligkeiten an Andres, zieht eine ernüchternde Lebensbilanz und ignoriert Andres' medizinischen Ratschlag
- **19. Szene, Vor der Haustür:** Großmutters **Anti-Märchen** über ein armes Waisenkind mit Marie und mehreren Kindern als Zuhörern; Woyzecks barsche Aufforderung an die zögerliche Marie, mit ihm nach draußen zu kommen
- **20. Szene, Freies Feld:** Wunsch der zunehmend verängstigten Marie, nach Hause zu gehen → Woyzeck ersticht Marie und flieht vor herannahenden Menschen in die Nacht
- **21. Szene, Freies Feld:** zwei Passanten als Zeugen des Mordes
- **22. Szene, Wirtshaus:** Unterhaltung des singenden und tanzenden Woyzeck mit Käthe, die aber Blutspuren an ihm entdeckt → Flucht Woyzecks vor misstrauischen Wirtshausgästen
- **23. Szene, Stadt:** Verbreitung der Nachricht unter zwei Kindern, dass die Leiche einer Frau gefunden wurde → Eilen vieler Schaulustiger zum Tatort
- **24. Szene, Freies Feld:** Rückkehr Woyzecks an den Tatort, um die zurückgelassene Tatwaffe zu suchen; spöttische Fragen an Maries Leiche → erneute Flucht vor herannahenden Menschen
- **25. Szene, Teich:** Versenken des Messers im Teich und Abwaschen der Blutflecken
- **26. Szene, Freies Feld:** Begutachtung von Maries Leiche durch eine vierköpfige Mordkommission: Freude über den „schönen" Mord
- **27. Szene, Stadt:** Woyzecks Versuch, seinen Sohn Christian zu liebkosen, der sich aber abwendet → Woyzeck bezahlt den Narren Karl dafür, seinen Sohn mitzunehmen und ihm einen Lebkuchen zu kaufen

Georg Büchner: *Woyzeck*

Auf einen Blick

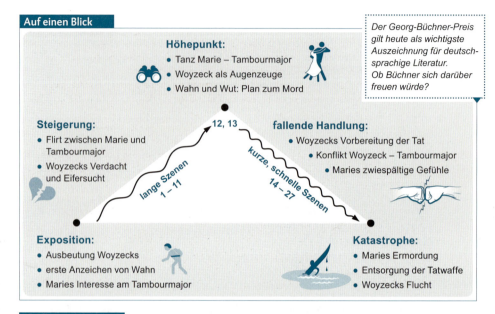

Höhepunkt:
- Tanz Marie – Tambourmajor
- Woyzeck als Augenzeuge
- Wahn und Wut: Plan zum Mord

Der Georg-Büchner-Preis gilt heute als wichtigste Auszeichnung für deutschsprachige Literatur. Ob Büchner sich darüber freuen würde?

Steigerung:
- Flirt zwischen Marie und Tambourmajor
- Woyzecks Verdacht und Eifersucht

fallende Handlung:
- Woyzecks Vorbereitung der Tat
- Konflikt Woyzeck – Tambourmajor
- Maries zwiespältige Gefühle

lange Szenen 1 – 11

kurze, schnelle Szenen 14 – 27

12, 13

Exposition:
- Ausbeutung Woyzecks
- erste Anzeichen von Wahn
- Maries Interesse am Tambourmajor

Katastrophe:
- Maries Ermordung
- Entsorgung der Tatwaffe
- Woyzecks Flucht

Aufbau und Form

- Dramenfragment *Woyzeck* als von Büchner nicht vollendetes Werk: **Szenenfolge nachträglich arrangiert** (anhand verschiedener Handschriften), keine Gliederung in Akte
- **Kürze** der Szenen = komprimierte, skizzenhafte Momentaufnahmen → **Aneinanderreihung** von Bildern
- Szenen werden ab 12. Szene kürzer, als Woyzeck Marie beim Tanzen sieht und Mordplan fasst → Handlung nimmt an **Geschwindigkeit** zu, unvermeidbares Zulaufen auf die Katastrophe
- **Zeitstruktur:** Handlung dauert ca. **48 Stunden** → äußerst gedrängte Zeitstruktur – auch aufgrund der **Simultaneität** einiger Szenen
- **Raumstruktur:** Stadt in Hessen (Dialekt!); Räume als wichtige **Bedeutungsträger:**
  – **Räume der Enge:** Maries Kammer → bedrückende Existenz, nur Kurzbesuche durch Woyzeck; Fenster als willkommene Verbindung zur Außenwelt; **Woyzecks Kaserne** → Halluzinationen, Schlaflosigkeit, Unruhe: notwendige Flucht nach draußen
  – **Räume der Öffentlichkeit:** Jahrmarkt, Gasse, Wirtshaus, freies Feld → für Marie Orte der **Freiheit** und des Vergnügens, aber auch ihres Todes → für Woyzeck Orte der **Demütigung** und **Verlorenheit**
  → Spiegelung der jeweiligen Befindlichkeit der Figur durch Räume (trotz beinahe vollständigem **Fehlen von Regieanweisungen** zum Aussehen der Schauplätze)
- *Woyzeck* galt lange Zeit als **Musterbeispiel eines offenen Dramas:** revolutionäre Aufhebung der Einheit von Ort, Zeit und Handlung (und von Stand und Sprache) → **Gegenargumente:**
  – stimmiges Gesamtgeschehen: Handlung um Woyzecks zunehmende Psychose im Zusammenspiel mit der Affäre zwischen Marie und Tambourmajor als sich **steigerndes Element**
  – **Verklammerung** der Szenen durch Motive (z. B. „Messer" und „schneiden", „heiß" und „kalt", Farben Schwarz und Rot) → bedrohliche **Atmosphäre**, **Vorausdeutung** auf Ende

Aufbau und Form

Sprache und Stil

- Zweiteilung des sprachlichen Codes in Woyzeck → **schichtenspezifische Sprache**
- Sprache der **Funktionsträger der gesellschaftlichen Ordnung** (Hauptmann, Doctor):
  - Benennung durch Beruf bzw. Rang: keine echten Figuren, eher **Typen**
  - Sprache als Mittel zur **Ausübung von Herrschaft** und zur Zementierung des Status quo: Lenken des Gesprächs, Erteilen von Befehlen (direktive Sprechakte), **Selbstdarstellung** (Melancholie des Hauptmanns, wissenschaftlicher Ruhm des Doctors)
  - **Hauptmann:** Hochwertbegriffe (z. B. „moralisch") als Worthülsen für eine konfuse Argumentation, die **Gutmütigkeit** vortäuscht, aber Herablassungen und **Schadenfreude** enthält
  - **Doctor:** medizinisch-philosophische Fachbegriffe (im Dienste des vermeintlichen Erkenntnisgewinns) als rhetorischer Deckmantel für **zynische Menschenverachtung** und Degradierung des Menschen zum Versuchs- und Anschauungsobjekt
  - **Vortragscharakter** ihrer Äußerungen → Ungleichgewicht der Sprechanteile
  - → keine kommunikative Hinwendung zu Mitmenschen (nur Er-Anrede an Woyzeck!), **keine Anteilnahme**, Festhalten am **Jargon**
- **Sprache der armen, einfachen Leute** als Opfer der gesellschaftlichen Verhältnisse:
  - Benennung durch echte Namen: Woyzeck, Marie, Andres etc. → Individuen, **Charaktere**
  - Sprache als **Ausdruck ihrer Notlage:** knapp, direkt, umgangssprachlich
  - Ellipsen, Satzabbrüche, Interjektionen → **Authentizität**, **Ehrlichkeit** der Figuren, Ausdruck ihrer **Unbeholfenheit** und Not
  - **Dialoge:** aneinander vorbeireden statt aufeinander eingehen → **sprachliche Isolation**
  - **Woyzeck: biblisch-apokalyptische Wendungen** als Hilfe, um seine psychotischen Erfahrungen mitteilbar zu machen; oftmals grüblerisch-doppeldeutige Sprache → dennoch Fähigkeit zur klaren Formulierung (z. B. zum Verhältnis von Geld und Moral)
  - **Marie: dinghaft-konkrete Sprache** als Mittel, ihre Lage zu beschreiben („ich bin nur ein arm Weibsbild."), ihr Begehren auszudrücken („Rühr mich an!") oder Unangenehmes zu leugnen („Und wenn auch.") → Ausdruck ihrer Sehnsucht nach besserem Leben
  - **Bibelstellen, Volkslieder, Märchen:** da Ausdrucksvermögen der Figuren ungenügend, Rückgriff auf vorgeformte sprachliche Versatzstücke (die als Trost und als Sinnangebote gedacht sind) → in Woyzeck Betonung des pessimistischen Weltbildes (z. B. Anti-Märchen der Großmutter) oder Vorausdeutungen auf tragische Ereignisse (z. B. Märchen-Zitate des Narren)
- weitere Figuren: aufdringliche Sprache des **Ausrufers** (auf Sensationsbedürfnis des Publikums gerichtet), derb-anzügliche Sprache des **Tambourmajors** (zur Protzerei und Triebbefriedigung)

Gattungsbestimmung und Epochenzugehörigkeit

- **Tragödie/bürgerliches Trauerspiel:** zwingendes Zulaufen auf die Schlusskatastrophe, ABER: Verstoß gegen alle Standeskriterien, da sog. vierter Stand („Proletariat") im Personal des Dramas
- Woyzeck als erstes **„soziales Drama":** Konflikt bedingt durch soziale Umstände (Armut, Ausbeutung, Unterdrückung), Untergang eines chancenlosen „underdog"
- **Vormärz:** Abwenden vom Idealismus der Klassik und Romantik, Hinwenden zur Realität und zur sozialen Ungerechtigkeit (im Naturalismus Woyzeck als Vorläufer interpretiert: soziales Elend, Determination; im Expressionismus sensibler und wahnsinniger Woyzeck als Schlüsselfigur)
- Wegbereiter der **Moderne:** Büchners psychologisches Interesse für Elend und Entfremdung, für Krisen der Identität; Innovativität der Sprache und der Dramenkonzeption von Woyzeck

Georg Büchner: *Woyzeck*

Auf einen Blick

Historisch-biografisch
- Debatte um Zurechnungsfähigkeit des historischen Woyzeck
- Büchners Erfahrungen mit Unterdrückung

Philosophisch
- Kritik an lebensferner Moral und am Idealismus
- Determinismus und Materialismus

Eine Kulturzeitschrift bezeichnete Georg Büchner 2013 – in Abgrenzung vom Dichterfürsten Goethe – als „Dichter-Punk".

Psychologisch
- Erniedrigung, Ausbeutung, Überlastung, Isolation
- Woyzecks Krankheit als Folge: Psychose

Soziologisch
- kein gesellschaftlicher Zusammenhalt
- keine Hilfe der Starken für die Schwachen
- soziale Ungerechtigkeit und ihre Folgen

→ keine Allgemeingültigkeit nur eines Deutungsansatzes, sondern immer Zusammenspiel mehrerer Lesarten

Historisch-biografische Lesart

- **historischer Johann Christian Woyzeck** (gelernter Perückenmacher, dann Soldat und Gelegenheitsarbeiter ohne festen Wohnsitz): Ermordung seiner Geliebten Johanna Christiane Woost 1821, Enthauptung auf Leipziger Marktplatz 1824 → Diskussion über die **Zurechnungsfähigkeit von Mördern**
- Büchners Lektüre der strittigen psychiatrischen Gutachten von Dr. Clarus über Woyzeck → Drama *Woyzeck* als sein Beitrag zur zeitgenössischen Debatte
- Büchners Interesse für politische Verhältnisse und Engagement für gerechtere Gesellschaft: „Friede den Hütten, Krieg den Palästen!" *(Hessischer Landbote)* → historischer Woyzeck als „willkommenes" Beispiel für die Folgen der **Verarmung ganzer Bevölkerungsschichten** im frühen 19. Jahrhundert (sog. vorindustrieller Pauperismus)
- Büchners Erfahrungen in der Restaurationszeit als politisch Unterdrückter und Verfolgter: **fehlende Solidarität** der Höherstehenden mit den Schwächeren der Gesellschaft → keine Veränderungen oder gar Revolutionen möglich

Philosophische Lesart

Psychologisch

- **Woyzecks Entwicklung** vom einfachen Soldaten und unverheirateten Familienvater zum Wahnsinnigen und Mörder
- keine Hochzeit mit Marie möglich, da er als Soldat das vorgeschriebene Vermögen nicht aufbringen kann → Beziehung zu Marie gesellschaftlich **geächtet**
- wegen finanzieller Verantwortung (für Marie und ihr gemeinsames Kind) **Nebentätigkeiten** notwendig: Rasieren des Hauptmanns, Versuchsobjekt bei Doctor, Assistent bei Professor → trotz **Hetze** und **Überbelastung:** keine Befreiung aus seiner kümmerlichen Lage
- krank durch **Ernährungsexperiment** des Doctors: physische (erhöhter Puls, Zittern, Schwindelanfälle, Kopfschmerzen, Haarausfall) und psychische Symptome (Hören von Stimmen, Weltuntergangsvisionen, Verfolgungswahn) → **schwere Psychose**
- **Beleidigungen** und **Erniedrigungen** durch Hauptmann: Vorwürfe wegen unehelichem Kind, spöttische Anspielungen auf Affäre zwischen Marie und Tambourmajor

Deutungsansätze

- Tambourmajor als körperlich überlegener **Rivale:** Ausspannen der Geliebten, Hohn und **Gewalt**
- durch **Maries Betrug** Verlust seines wichtigsten Halts im Leben → **Leidensdruck** wird zu groß: endgültiges Abgleiten in den Wahn, Planen und Ausführen des Mordes
- Auslöser der Mordtat: Eifersucht und Betrug → tiefere Ursachen: **entwürdigende Lebensbedingungen** eines geschundenen, deformierten und isolierten Menschen

Philosophische Lesart

- Kritik an Theorie der **Evolution** und des Fortschritts der Zivilisation (Teleologie): Betonung der Nähe zwischen menschlichem und tierischem Verhalten („vernünftige Viehigkeit" – „viehische Vernunft") → **Blasiertheit** der Menschen bei offenkundig animalischem Verhalten
- Frage nach der Umsetzbarkeit von **Moral:** uneingeschränkte Gültigkeit für jeden Menschen (laut Hauptmann) oder Frage von Vermögen und Stellung (laut Woyzeck) → schichtenspezifische Gebundenheit von Werten
- **Determinismus:** Abhängigkeit menschlicher Handlungen von jeweiligen **Lebensumständen** → keine Möglichkeit für den Einzelnen (v. a. den Niedriggestellten), Lauf der Dinge oder eigenes Leben bewusst zu steuern oder sogar zu verbessern
- Kritik am **Idealismus:** Idee der Selbstbestimmung des Menschen → Wille und Vernunft sollen Gefühle, Bedürfnisse, Triebe beherrschen (mit überlieferter Moral als Leitfaden)
- Gefühl der moralisch-intellektuellen Überlegenheit der Idealisten (Hauptmann, Doctor): keine Akzeptanz anderer Einflüsse (Individualität, Sozialisation, Bildung, Besitz usw.) → Arroganz, Ignoranz und **Unmenschlichkeit**
- Betonung des **Materialismus:** nicht Denken und Handeln gestalten die Lebensbedingungen, sondern die Lebensbedingungen prägen das Denken und Handeln → gesellschaftliche Umstände und Besitzverhältnisse formen den Menschen

Soziologische Lesart

- Starke helfen Schwachen nicht, Starke verachten sich gegenseitig (Hauptmann vs. Doctor), Starke schließen im Zweifel Bündnis gegen Schwache, Schwache betrügen und ermorden sich gegenseitig → **Fehlen des gesellschaftlichen Zusammenhalts**
- kein Schutz durch Hauptmann (Woyzecks Vorgesetzter!): kein Gefühl von Verantwortung für seinen Untergebenen → stattdessen **Abgrenzung nach unten** zum Erhalt der eigenen Position
- Fortführen der Experimente trotz Woyzecks offensichtlicher Krankheit → **Missachten des hippokratischen Eides**, Degradierung des Menschen zum Versuchsobjekt
- Selbstcharakterisierung Woyzecks („Wir arme Leut"/„ich bin ein armer Kerl"): **Bewusstsein des eigenen sozialen Ortes** als bedrückende Erfahrung → aber keine Wut auf den verantwortlichen „Unterdrückungsapparat", sondern auf seine Freundin Marie
- soziale Unterschiede als reine **Äußerlichkeiten** (vgl. 3. Scene: Tiere als Menschen verkleidet): Ungerechtigkeit der gesellschaftlichen Realität, willkürliche Verteilung von Privilegien und Besitz
- dysfunktionale Kommunikation und Sprachlosigkeit: gleichzeitig Symptome und Konsequenzen der **sozialen Spaltung**
- Armut mit all ihren Folgen als „Gift" für zwischenmenschliche Beziehungen und Gesellschaft
- Büchner: „Ich verachte Niemanden, am wenigsten wegen seines Verstandes oder seiner Bildung, weil es in Niemandes Gewalt liegt, kein Dummkopf oder kein Verbrecher zu werden, – weil wir durch gleiche Umstände wohl Alle gleich würden, und weil die Umstände außer uns liegen."

Juli Zeh: *Corpus Delicti*

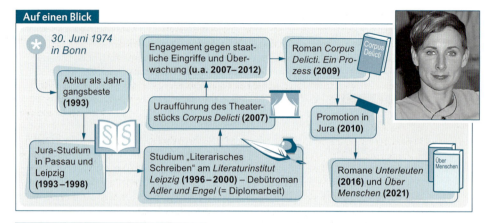

Auf einen Blick

- 30. Juni 1974 in Bonn
- Abitur als Jahrgangsbeste (1993)
- Jura-Studium in Passau und Leipzig (1993–1998)
- Studium „Literarisches Schreiben" am *Literaturinstitut Leipzig* (1996–2000) – Debütroman *Adler und Engel* (= Diplomarbeit)
- Engagement gegen staatliche Eingriffe und Überwachung (u.a. 2007–2012)
- Uraufführung des Theaterstücks *Corpus Delicti* (2007)
- Roman *Corpus Delicti. Ein Prozess* (2009)
- Promotion in Jura (2010)
- Romane *Unterleuten* (2016) und *Über Menschen* (2021)

Kindheit und Jugend (1974–1993)

- geboren am 30. Juni 1974 in Bonn
- Vater: Verwaltungswissenschaftlicher (von 2002 bis 2006 Direktor beim Deutschen Bundestag), Mutter: Übersetzerin → **bildungsbürgerlicher Hintergrund**
- Geburt ihres Bruders → Entwicklung einer „ganz extreme[n] Verantwortungsbeziehung" (J. Zeh)
- ab 1984 Besuch der *Otto-Kühne-Schule*, einer Privatschule im Bonner Stadtbezirk Bad Godesberg
- schon als Kind literarische Schreibversuche
- als Jugendliche Sehnsucht, aus der als langweilig empfundenen Stadt Bonn herauszukommen
- **Abitur** im Jahr 1993 mit bestem Notendurchschnitt des Jahrgangs

Studienzeit (1993–2001)

- nach dem Abitur eigentlich Berufswunsch Journalismus, stattdessen aber Jura-Studium (mit Schwerpunkt Völkerrecht), das nach Juli Zeh bessere Aussichten auf eine sichere Existenz bot:
  – in Passau (1993–1995) → Studentenleben mit eher linksgerichteten Freunden und Abgrenzung von den statusorientierten Mitstudenten
  – in Leipzig (1995–1998): Wechsel des Studienorts erlebt sie als „Erweckung" – unter anderem wegen des „Zukunftsoptimismus" und der „Aufbruchsstimmung" dort
  → Bestehen des **Ersten juristischen Staatsexamens** (1998) mit Bestnote in Sachsen
- Parallel-Studium am renommierten *Deutschen Literaturinstitut Leipzig* (1996), das angehende **Schriftstellerinnen und Schriftsteller ausbildet** – kein Abbruch des Jura-Studiums (wegen Zweifel, ob eine Freiberuflichkeit als Schriftstellerin das Richtige für sie ist)
- Magister-Aufbaustudiengang „Recht der Europäischen Integration" (1999–2001)
- DAAD-Stipendien für ein dreimonatiges Praktikum bei den Vereinten Nationen in New York (1999) und für einen achtmonatigen Aufenthalt in Krakau für ein Osteuropastudium (2000)
- Erwerb des **Diploms** am *Deutschen Literaturinstitut Leipzig* (2000)

Zeit als Schriftstellerin (2001–heute)

- Veröffentlichung des **Debütromans** *Adler und Engel* (2001), den sie als Diplomarbeit am *Literaturinstitut* verfasst hatte → Deutscher Bücherpreis in Kategorie „Erfolgreichstes Debüt" (2002)

Biografie

- ab 2001 juristisches Referendariat → **Zweites juristisches Staatsexamen** (2003)
- verschiedene Reisen (insb. nach Osteuropa), die in ihre literarischen Werke Eingang finden
- Unterstützung der rot-grünen Koalition im Bundestagswahlkampf (2005)
- im Jahr 2007 Umzug nach Barnewitz (brandenburgisches Dorf, Havelland)
- **Uraufführung des Theaterstücks** *Corpus Delicti* bei der *RuhrTriennale* (2007)
- Einreichen einer Verfassungsbeschwerde beim Bundverfassungsgericht gegen den biometrischen Reisepass (2008) – die Beschwerde wurde aber nicht zur Entscheidung angenommen
- **Veröffentlichung des Romans** *Corpus Delicti. Ein Prozess* (2009), den Zeh auf der Grundlage des Theaterstücks von 2007 verfasst hat
- Mitglied der 13. Bundesversammlung für die SPD bei der Wahl des Bundespräsidenten (2009)
- zusammen mit Ilija Trojanow Veröffentlichung des Buches *Angriff auf die Freiheit* (2009), in dem der „**Sicherheitswahn**" und die zunehmende **Überwachung der Bürger kritisiert** werden
- **Promotion** an der *Universität des Saarlandes* in Saarbrücken (2010) mit ihrer Dissertation *Das Übergangsrecht*, in der sie sich mit den Übergangsverwaltungen im Kosovo und in Bosnien-Herzegowina nach den dortigen Kriegen in den 1990er-Jahren befasst
- Veröffentlichung des Romans *Nullzeit* (2012)
- Verfassen eines **offenen Briefs** an Bundeskanzlerin Angela Merkel, in dem Zeh eine „angemessene Reaktion" auf die **NSA-Affäre** (= Überwachung der Telekommunikation durch die USA und Großbritannien) und eine Offenlegung der **Spähangriffe** fordert
- Verleihung des Thomas-Mann-Preises an Juli Zeh (2013)
- Dozentin der *Frankfurter Poetik-Vorlesungen* (2013), bei denen sie auf humorvolle Weise **leugnet, als Schriftstellerin eine Poetik zu „besitzen"**, und auch die Frage nach der **Schreibintention für unsinnig** erklärt – Veröffentlichung der Vorträge unter dem Titel *Treideln*
- Veröffentlichung des Romans *Unterleuten* (2016)
- Verleihung des **Bundesverdienstkreuzes** an Zeh für ihr demokratisches Engagement (2018)
- Wahl Juli Zehs zur ehrenamtlichen Richterin am Brandenburger Verfassungsgericht (2018)
- Unterzeichnung des Aufrufs von Autorinnen und Autoren zur Beendigung der Grundrechtseingriffe während der Corona-Pandemie (2020)
- Veröffentlichung des **Buches** *Fragen zu Corpus Delicti* (2020)

Leben heute

- verheiratet mit David Finck (ebenfalls ehemaliger Student am *Deutschen Literaturinstitut Leipzig*, heute Autor und Fotograf), Mutter von zwei Kindern
- immer wieder **Beteiligung an politischen Debatten** (beispielsweise in Talkshows)

Werkauswahl

- *Adler und Engel* (2001): Verwicklung des Juristen Max in international angelegte Drogengeschäfte und in die Suche nach einem Passwort, das Informationen über diese Geschäfte schützt
- *Spieltrieb* (2004): Verführung des Sportlehrers Smutek durch die jugendliche Außenseiterin Ada, die unter dem Einfluss des älteren Mitschülers Alev steht, der Smutek daraufhin erpresst
- *Unterleuten* (2016): Entwicklung von Konflikten in einem brandenburgischen Dorf, als in der Nähe ein Windpark errichtet werden soll
- *Fragen zu Corpus Delicti* (2020): Auseinandersetzung mit dem eigenen Roman *Corpus Delicti* in einer Art fiktivem Selbst-Interview → Erläuterungen u. a. zu Entstehungsgeschichte, politischer Ebene, Gattungsfragen, Rezeption und Biografie

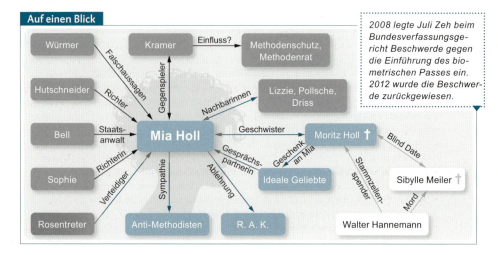

Kapitel 1 und 2: Zwei Schriftstücke

- *Das Vorwort:* aus Schrift von Heinrich Kramer → **Gesundheit** als höchstes Ziel des Menschen
- *Das Urteil:* **Biologin Mia Holl** zum Einfrieren auf unbestimmte Zeit verurteilt

Kapitel 3 bis 17: Erste Konflikte mit der METHODE

- *Mitten am Tag, in der Mitte des Jahrhunderts:* Verhandlung zwischen **Richterin Sophie**, Staatsanwalt Bell und Rechtsanwalt Rosentreter über Strafen für Gesundheitsverbrecher; Eintreten des Journalisten **Kramer**; Klärungsgespräch mit Mia Holl beschlossen
- *Pfeffer:* Kramer auf dem Weg zu Mia → Begegnung mit drei Nachbarinnen im Treppenhaus
- *Die ideale Geliebte:* Mia erinnert sich (mit der imaginären idealen Geliebten) an ihren Bruder Moritz
- *Eine hübsche Geste:* Vorwurf Mias an Kramer, er sei an **Moritz' Suizid** im Gefängnis schuld
- *Genetischer Fingerabdruck:* Bericht über Moritz (Vorwurf der Vergewaltigung und des Mordes)
- *Keine verstiegenen Ideologien:* Mia und Kramer über die Sinnhaftigkeit der **METHODE**
- *Durch Plexiglas:* Tausch zwischen Mia und Moritz: **ideale Geliebte** gegen Schnur (für Suizid)
- *Eine besondere Begabung zum Schmerz:* Mias misslungener Versuch, ihre Wohnung zu putzen
- *Bohnendose:* Mias erfolgreiche **Gesundheitsuntersuchung** beim Amtsarzt
- *Saftpresse:* Sophies Hilfsangebot (Betreuung, Kur) von Mia abgelehnt (ihr Schmerz sei privat)
- *Nicht dafür gemacht, verstanden zu werden:* Einblick in Mias **Trauer** und stumme **Qual**
- *Privatangelegenheit:* Zugeständnis von Sophie → **Ruhe** und Zeit für Mia
- *Fell und Hörner, erster Teil:* Moritz' und Mias Gespräch über **Moritz' Liebesleben**
- *Rauch:* Liebesfantasie der Nachbarin Driss über Mia; **Mia beim Rauchen** im Flur entdeckt
- *Keine Güteverhandlung:* Geldstrafe für Mia wegen Rauchens, **Rosentreter** als ihr neuer Anwalt

Kapitel 18 bis 35: Verteidigung und Aufdeckung des Justizskandals um Moritz

- *Ein netter Junge:* Rosentreters Beteuerung, sich für Mia einzusetzen; Anfechtung der Geldstrafe
- *Wächter:* Hilfsangebot der drei Nachbarinnen von Mia abgelehnt
- *In der Kommandozentrale:* Streitgespräch Mia – ideale Geliebte: Sport werde Mia nicht heilen

Inhalt

- *Recht auf Krankheit:* TV-Talk bei Würmer: Kramer über die Entstehung der METHODE als neue Gesellschaftsordnung und über den Irrweg der **Anti-Methodisten**
- *Das Ende vom Fisch:* Streit zwischen Mia und Moritz über **Anpassung** und **Rebellion**
- *Der Hammer:* Mias **Härtefallantrag** abgelehnt; Verurteilung zu zwei Jahren Haft auf Bewährung
- *Which side are you on:* Rosentreters Wille, vor höherer Instanz zu klagen, von Mia akzeptiert
- *Unzulässig:* Rosentreters verbotene Liebe zu einer Frau; Vorhaben: **Moritz' Unschuld** beweisen
- *Schnecken:* Mia spricht über Moritz' Liebe zur Natur und zu den Menschen und über die Heilung seiner Leukämie → Grund für Mias dankbare Anpassung an die METHODE
- *Ambivalenz:* Mias **Verhältnis zu Kramer** zwischen Bewunderung und Ablehnung
- *Ohne zu weinen:* Moritz' Erscheinen bei Mia und sein Bericht über das Auffinden der Leiche
- *Unser Haus:* Nachbarinnen → Zeitungsbericht über Mia beschmutze guten Ruf des Hauses
- *Bedrohung verlangt Wachsamkeit:* Kramers Zeitungsbericht → Moritz als Terrorist
- *Die Zaunreiterin:* Forderung der idealen Geliebten, Mia solle sich gegen Kramers Lügen wehren
- *Fell und Hörner, zweiter Teil:* Moritz' **Ablehnung jeder Ideologie** → Verhaftung am Fluss
- *Das Recht zu schweigen:* **Mia verhaftet** wegen Führen einer methodenfeindlichen Vereinigung
- *Der Härtefall:* Mias Gesinnungsprüfung → ihre Gedanken zum politischen System und zu Revolutionen; Rosentreters Vortrag über Leukämie: Beweis, dass Moritz' Stammzellenspender **Walter Hannemann der wahre Mörder** von Sibylle Meiler ist
- *Das ist die Mia:* Fernsehbericht über den **Justizskandal**: Infragestellen der METHODE durch Mia

Kapitel 36 bis 39: Offene Opposition gegen die METHODE

- *Der größtmögliche Triumph:* Mias Entschluss, sich zu **Methodenfeindlichkeit** zu bekennen
- *Die zweite Kategorie:* Streitgespräch zwischen Mia und Kramer über die Legitimation der METHODE; Mias Aufforderung an Kramer, ihr folgendes Statement schriftlich festzuhalten
- *Wie die Frage lautet:* Mias Absage an die aktuelle Gesellschaft, die auf **falschen Werten** beruht
- *Vertrauensfrage:* Kramers Dank für Mias brisantes Statement; Abschied der idealen Geliebten

Kapitel 40 bis 50: Sieg der METHODE

- *Sofakissen:* erneute Verhaftung Mias durch Methodenschützer
- *Freiheitsstatue:* **Solidarisierung** vieler Menschen mit inhaftierter Mia: Proteste, Medienrummel
- *Der gesunde Menschenverstand:* staatstragende TV-Rede Kramers → Mia als gefährlicher Virus
- *Geruchlos und klar:* Mias Vortrag über Moritz' geistiges Erbe von Kramer per Diktiergerät aufgezeichnet; ihre **Weigerung**, Geständnis zu unterzeichnen, wonach sie und ihr Bruder als Mitglieder der Widerstandszelle *Die Schnecken* Moritz' Tod zu politischen Zwecken inszeniert hätten
- *Würmer:* falsche Zeugenaussage Würmers, Kontakt zur Widerstandszelle gehabt zu haben
- *Keine Liebe der Welt:* neues **Netz aus falschen Beweisen** gegen Mia: sie hätte Vergiftung des Trinkwassers geplant; Aushändigen einer langen Nadel an sie durch Rosentreter
- *Mittelalter:* kein Geständnis von Mia; Tod durch Erfrieren und Folter durch Kramer angedroht
- *›Es‹ regnet:* Leiden Mias an Folgen einer **Elektroschock-Folter**
- *Dünne Luft:* Mia bohrt Nadel in ihren Arm und überreicht Kramer den hervorgeholten Chip
- *Siehe oben:* **Gerichtsverhandlung** unter lauten Protesten → Verurteilung Mias zum Einfrieren
- *Zu Ende:* Einfrieren Mias in letzter Sekunde gestoppt durch Präsidenten des Methodenrats → Unterbringung in **Resozialisierungsanstalt** mit **psychologischer Betreuung**

Juli Zeh: Corpus Delicti

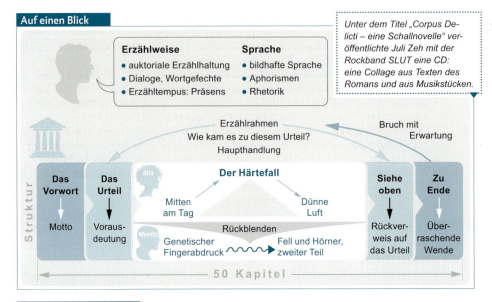

Aufbau und Struktur

- der **2009** erschienene Roman hat **50 Kapitel** von sehr unterschiedlicher Länge (2–16 Seiten)
- Kapitelbenennung: signifikante Wörter/Halbsätze aus dem Kapitel (oder gliedernd: z. B. *Zu Ende*)
- vorangestelltes **Vorwort**: Zitat aus Kramers ideologischer Schrift, außerhalb der erzählten Handlung angesiedelt, Funktion eines **Mottos**: Einstimmung auf Gedankenwelt der METHODE
- *Das Urteil*: scheinbare **Vorwegnahme des Romanendes** als offizielles Dokument, Spannung: Wie kam es zu diesem Urteil? → zusammen mit *Siehe oben*: Bildung des basalen Erzählrahmens
- von *Mitten am Tag*, in der Mitte des Jahrhunderts bis zu *Dünne Luft*: Geschichte darüber, wie es zu Mias Verurteilung kam → in der **Rückschau** und in **chronologischer Reihenfolge** erzählt
- **Höhepunkte** der Handlung: *Der Härtefall* (Niederlage für METHODE: Moritz' Unschuld) und *Wie die Frage lautet* (Mias Wandlung zur Systemgegnerin endgültig vollzogen)
- Erzählung über Mias Verurteilung immer wieder durch **Rückblenden** (Analepsen) unterbrochen: **Geschichte von Moritz** bzw. des Verhältnisses zwischen Mia und ihrem Bruder
- durch **Verschachtelung** der Erzähl- bzw. Handlungsebenen (Mias Geschichte – Moritz' Geschichte) bessere Beleuchtung der Entwicklung Mias: von der Konformistin zur Systemgegnerin
- Vergleich: Angelschnur bzw. Nadel ins Gefängnis → **Erwartung**: Begeht auch Mia Selbstmord?
- *Zu Ende*: Rückschau beendet, Fortsetzung der Handlung nach Urteilsverkündung: Erwartungen des Lesers nach *Das Urteil* unterlaufen → unerwartete **Schlusswendung**

Erzählweise

- Handlungsort und -zeit: in einer **Gesundheitsdiktatur** um das Jahr **2050**
- zeitliche Einordnung: Moritz seit ca. 4 Wochen tot, als Handlung um Mia einsetzt
- **auktoriales Erzählverhalten**: Erzähler nimmt Leser stark an die Hand (Herstellung von Gemeinschaft durch Wahl der Wir-Form) und macht seinen Wissensvorsprung deutlich

Aufbau und Form

- → „Gehen wir der Einfachheit halber davon aus, dass sie [Mia] an Moritz denkt. Die Wahrscheinlichkeit, dass wir richtig liegen, ist sehr hoch." (S. 79)
- Erzähltempus: Präsens in der Mia-Handlung → **Unmittelbarkeit**, Gefühl des Lesers, die Ereignisse live mitzuerleben
- meist Präteritum als Erzähltempus in Moritz-Kapiteln („Wählen wir für ein paar Minuten die Vergangenheitsform", S. 60) → **Erinnerungscharakter** dieser Kapitel
- personales Erzählverhalten (in der Ich-Form) im Kapitel *Wie die Frage lautet* → Mias finales Bekenntnis zum Widerstand gegen die METHODE dadurch deutlich hervorgehoben
- Kramers Zeitungsartikel über Moritz (*Bedrohung verlangt Wachsamkeit*): ohne erzählerischen Eingriff abgedruckt → Leser des Romans gleichgestellt mit Zeitungsleser in der erzählten Welt
- **Vielzahl von Dialogen** in direkter Rede: Auseinandersetzungen der Figuren um richtige Verhaltensweisen und um Sinnhaftigkeit der METHODE dialektisch (Rede und Gegenrede) entfaltet → Austauschen unterschiedlicher Argumente und Sichtweisen als **rhetorische Wortgefechte** direkt vor den Augen des Lesers

Sprache und Stil

- nüchtern-schmuckloser Sprachstil und parataktischer Satzbau in den Erzählpartien → einfacher Zugang, **didaktische Ausrichtung** des Romans
- **rhetorische Ausgestaltung** der Dialoge: Vortragscharakter vieler Äußerungen mit dem Ziel, den Gesprächspartner vom eigenen Standpunkt zu überzeugen (v. a. bei Mia, Moritz, Kramer)
- Kramers menschenverachtende und **demagogische Sprache** v. a. aus Bereichen „Hygiene, Krankheit" (z. B. abweichende Gedanken als „Virus") → Nähe zur Wortwahl der NS-Propaganda
- Einsatz von Fremdwörtern und Fachbegriffen aus den Bereichen **Justiz**, **Medizin** und **politischer Philosophie** → Ernsthaftigkeit des Diskurses
- staatliche Medien: TV-Show WAS ALLE DENKEN und Zeitung DER GESUNDE MENSCHENVERSTAND: Anspruch auf Allgemeingültigkeit und Verbindlichkeit sprachlich festgehalten
- „Santé" (frz., „Gesundheit") als Grußformel: Gesundheitswahn in Alltagssprache integriert
- Charakterisierung durch sprechende Namen: z. B. Kramer (Suche nach Geheimnissen), Würmer (Unterordnung, Gehorsam)
- **bildhafte Sprache:** Vielzahl von Vergleichen und Metaphern → lebendige Charakterisierung des Verhaltens und des Innenlebens der Figuren (z. B. Mia als „Zaunreiterin")
- **Aphorismen:** kurze Sätze, die losgelöst vom Kontext vermeintliche Lebensweisheit ausdrücken und im Text Meinung der Figuren darstellen (z. B.: „Um frei denken zu können, muss sich der Mensch vom Tod abwenden", S. 94) → fordern den Leser zur Auseinandersetzung auf
- Abstammung des Romans von einem Theaterstück sprachlich noch klar erkennbar: **Szenenhaftigkeit** vieler Kapitel v. a. durch lange Dialoge und schnelle Wechselreden

Gattungszugehörigkeit

- **dystopischer Science-Fiction-Roman:** düstere Zukunftsvision der Gesellschaft, in der die technisch-wissenschaftlichen Neuerungen zur Unterdrückung der Menschen eingesetzt werden
- **Kriminalgeschichte:** Verbrechen im Mittelpunkt der Handlung → Mord an Sibylle Meiler und Verstrickung von Moritz Holl eng verknüpft mit der Frage nach der Legitimation der METHODE
- **Gerichtsdrama:** Nähe des Textes zum Theater, Haupthandlung in Gerichtssälen angesiedelt
- **Entwicklungsroman:** Mias Weg von der systemkonformen Musterbürgerin zur rebellischen Widerständlerin als Akt der intellektuellen und emotionalen Reifung

Juli Zeh: *Corpus Delicti*

Juristische Lesart

- Corpus Delicti = in der Rechtssprache ein Gegenstand, mit dem eine Straftat begangen wurde → überragende **Bedeutung des Körpers** für die METHODE
- Richterin Sophie → Anhängerin der METHODE, akribisch, jedoch abgesetzt wegen Befangenheit
- Verteidiger Rosentreter → systemkritisch und liberal: **Gerichtsprozess als Theater** und Spiel
- Richter Hutschneider → von Mias Prozess überfordert, deswegen überaus gehorsam und streng
- Justiz in der Hand politischer Entscheidungsträger: Einfluss des Journalisten Kramer und des Methodenrats → **keine Unabhängigkeit der Justiz**, keine Gewaltenteilung
- falsche Beweise gegen Mia von staatlicher Seite aus, Mia zur Täterin gemacht: Würmer als falscher Zeuge, erfundene Terrororganisation *Schnecken* → **Staat als Straftäter**
- **Überwachung** durch Justiz und Bestrafung bei Fehlverhalten: Ganzkörperaufnahmen, sportliches Leistungsprofil, Schlaf- und Ernährungsbericht, Blut- und Urinproben, Chip im Körper
- DNA-Test in Moritz' Prozess trügerisch → keine Unfehlbarkeit naturwissenschaftlicher Methoden
- Autor des Buchs *Hexenhammer* von 1487 heißt Heinrich Kramer, Folterung der „Hexe" Mia: **Projektion mittelalterlicher (Rechts-)Verhältnisse** in eine fiktive Zukunft → Grausamkeit als epochenübergreifendes Merkmal der menschlichen Natur

Psychologische Lesart

- Mia früher: **rational**, von Beruf Biologin, ohne Interesse an Menschen oder an Liebe, **angepasst** aus Dankbarkeit für die Hilfe der METHODE bei Moritz' Heilung von Leukämie
- **Geschwisterbeziehung** Moritz – Mia: gegenläufige Ansichten → Moritz als romantischer Träumer, lustiger Rebell und Poet – Mia als spöttische und kalte Realistin
- **Trauer** um Moritz und **Schuldgefühle** nach dessen Suizid (Angelschnur!): Mias Leben aus den Fugen → Beginn der staatlichen Intervention, **Einmischung in Mias Privatleben**
- Mia von Moritz' Unschuld überzeugt → Verlangen nach **Gerechtigkeit**
- Mias Entwicklung während der Trauerarbeit: zunehmend kritischer und kämpferischer → Ansporn zum Rebellieren durch die **ideale Geliebte** (= Moritz' Sprachrohr)
- Mias „Selbstgespräche" mit idealer Geliebten auch als **geistige Verwirrung** deutbar

Deutungsansätze

- Mias persönliches Unglück und ihr psychischer Zustand zur öffentlichen **Staatsaffäre** und zur Bewährungsprobe für die METHODE erhoben
- entscheidender Einschnitt für Mias Entwicklung: Rosentreters Beweis, dass Moritz unschuldig ist → von da an **keine Selbstzweifel mehr**, selbstsicheres Eintreten für ihre Ansichten
- **Mias Standhaftigkeit:** kein falsches Geständnis, Ertragen von Folter, Bereitschaft zum Tod → **Verlust ihrer Stärke** durch überraschende Begnadigung und **Entmündigung**

Soziologische Lesart

- staatlich regulierte Zuordnung der Partner nach Immunsystemen (zum Erhalt gesunder DNA) → massive **Einschränkung der freien Partnerwahl**, Ähnlichkeit zur **NS-Rassenhygiene**
- gesellschaftlicher Umgang mit Krankheit in der METHODE: Krankheit als historisches Phänomen und unzulässige Abweichung → **Verklärung der Gesundheit** zum Religionsersatz, zur Staatsideologie, zum sichtbar gewordenen Willen und zur Bereitschaft zur Höchstleistung
- **Unmenschlichkeit** der rein auf Vernunft fixierten METHODE → Ignorieren von Gefühlen, von Liebe, von Affekten und von individuellen Eigenschaften
- Kritik am Staat: Vorschieben von Sicherheitsbedenken zur **Beschneidung der Freiheitsrechte der Bürger** → in Wahrheit: Streben nach mehr Kontrolle und Überwachung
- Kritik an den Bürgern: **allzu großer Gehorsam** gegenüber dem Staat, gutgläubige **Preisgabe von persönlichen Daten** → mehr Engagement, Sensibilität und Zivilcourage nötig
- **Rolle der Medien** in der METHODE: Staatspropaganda → **keine Meinungspluralität**
- Kramers **Populismus**, **Demagogie** und **Fanatismus** in seiner Rolle als Topjournalist und Chefideologe der METHODE (Kramer als geheimes Staatsoberhaupt? vgl. Kapitel *Zu Ende*)
- Mias Nachbarinnen (außer Driss) als personifiziertes **Mitläufertum**, als Opportunisten

Politische Lesart

- Staatsform in *Corpus Delicti*: Gesundheitsdiktatur → **totalitärer Überwachungsstaat**
- „Übereinstimmung von allgemeinem und persönlichem Wohl" von Kramer als Ziel definiert (S. 87) → **heuchlerische Doktrin**, denn Entscheidung, was „Wohl" ist, fällt die METHODE
- körperliche Gesundheit zum höchsten politischen Wert deklariert (Kramer: „[d]as Störungsfreie, Fehlerlose, Funktionierende", S. 181) → **keine Toleranz** für Schwäche, Fehler, Individualität
- verschiedene Weltbilder – verschiedene politische Auffassungen:
  - historische Legitimierung der METHODE durch Kramer (vgl. S. 88 f.): nach zwei Weltkriegen → **Entideologisierung** → Einsamkeit, Werteverfall → Unsicherheit, Angst, Geburtenrückgang, Krankheiten, Terror → METHODE = **neues Sinnangebot**
  - Moritz' Philosophie der Liebe (vgl. S. 26 f.): Zerstörung des göttlichen Weltbildes durch Naturwissenschaften → Mensch im Zentrum ohne neue Orientierung → **Liebe als Leitbild** und als Sammelbegriff für Freiheit, Naturverbundenheit und Pluralismus
  - Mias Staatsverständnis (vgl. S. 158 ff.): Abgrenzung von sinnlosen Revolutionen, Staat nur auf eine Weise legitimierbar: durch bestmögliche Unterstützung bei „natürliche[m] Streben der Menschen nach Leben und Glück" (S. 161) → ansonsten **Recht auf Widerstand**
- Mobilisierung von **Systemgegnern** durch Mias Fall:
  - radikale R.A.K. („Recht auf Krankheit", vgl. RAF): **Gewalt gegen Unschuldige** → Berufung auf Mia als Symbolfigur, entschiedene Ablehnung dieser Vereinnahmung durch Mia
  - **gewaltlose Proteste** und Demonstrationen der wachsenden Anzahl der Anti-Methodisten
  - **offenes Ende** des Romans: Erfolge der Systemgegner oder endgültiger Sieg der METHODE?

Franz Kafka: *Der Verschollene*

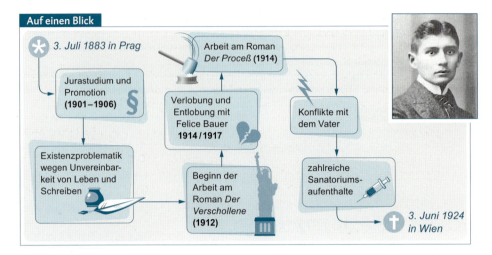

Kindheit (1883–1901)

- Geburt am 3. Juli 1883 in Prag (damals drittgrößte Stadt Österreich-Ungarns)
- **Vater** Hermann Kafka: jüdischer Fleischhauersohn, der sich zum Galanteriewarenhändler hochgearbeitet hat und sich laut Kafkas *Brief an den Vater* durch Selbstgerechtigkeit, Durchsetzungsfähigkeit und Streitlust auszeichnet → **problematische Beziehung** zum Sohn
- **Mutter** Julie, geb. Löwy: Herkunft aus Prager Oberschicht des deutsch-jüdischen Bürgertums; wohlhabend, gebildet und künstlerisch interessiert; ihrem Mann gegenüber nachgiebig
- fünf **Geschwister**: zwei Brüder sterben kurz nach Geburt; drei Schwestern Elli (geb. 1889), Valli (geb. 1890) und Ottla (geb. 1892) → besonders **enge Beziehung zwischen Franz und Ottla**
- 1889–1893: Besuch der Deutschen Knabenschule, da Vater als **assimilierter Jude** Anschluss an deutsche Oberschicht in Prag sucht
- 1893–1901: Schüler mit durchschnittlichen Leistungen am humanistischen Staatsgymnasium (Abschluss: **Matura**, entspricht Abitur)

Studienzeit (1901–1906)

- ab 1901: kurzzeitiges **Studium** der Chemie, Kunstgeschichte und Germanistik in Prag
- Entscheidung für **Rechtswissenschaft** (berufliche Perspektive); Abschluss mit **Promotion** 1906
- erste **schriftstellerische Versuche** → Entstehung von *Beschreibung eines Kampfes*

Arbeitsleben (1907–1917)

- 1907: Stelle bei Versicherungsgesellschaft Assicurazioni Generali in Prag; erste Veröffentlichungen
- 1908: Eintritt in „**Arbeiter-Unfall-Versicherungsanstalt**", wo er Karriere macht und zu leitender Position aufsteigt: Beschäftigung mit Rechten der Arbeiter auf Unfallschutz und Unfallversorgung → **Einblick in Innenwelt der Fabriken** mit anonymer Arbeitsorganisation
- Beginn seines Tagebuchs
- Dienstzeiten von 8 bis 14 Uhr, daneben Zeit für schriftstellerische Tätigkeit (auch abends und nachts) → **Doppelbelastung** führt zu gesundheitlichen Problemen

Biografie

- 1910: Begegnung mit ostjüdischer Theatergruppe aus Lemberg, die Kafka **jüdische Tradition und Religiosität** näherbringt → Einfluss auf Kafkas Schreiben, z. B. Türhüterlegende im *Proceß*
- **Konflikte mit dem Vater**, der weder für Theaterstücke und Literatur noch für jüdische Wurzeln etwas übrig hat
- 1912: **Durchbruch als Schriftsteller** mit Erzählung *Das Urteil*, die Kafka in nur einer Nacht verfasst; kurz darauf Novelle *Die Verwandlung* und Arbeit am Roman *Der Verschollene* → Veröffentlichung des Sammelbandes *Betrachtung* mit kurzen Prosatexten, für die Kafka berühmt ist
- 1912: Kennenlernen von **Felice Bauer** → intensiver **Briefwechsel** und mehrere Besuche
- Pfingsten 1914 **Verlobung** mit Felice, aber **Entlobung** bereits im Juli 1914 → Entstehung des Romans *Der Prozess* (Kafka empfindet Lösung der Verlobung in Berlin als „Gerichtshof")
- 1916: (unfreiwillige) Freistellung vom Militärdienst aus beruflichen Gründen
- erneute Verlobung mit Felice im Juli 1917 → ständiges Hin und Her zeigt Kafkas **zentrale Existenzproblematik:** Unmöglichkeit einer **Verbindung der schriftstellerischen Arbeit mit bürgerlichem Lebensentwurf** (Ehe, Familie, Berufsleben)

Krankheit und Sterben (1917–1924)

- August 1917: Erkrankung an **Tuberkulose** → für Kafka Zeichen extremer psychischer Belastung und „Befreiung" von Entscheidung zwischen Literatur und Leben („So geht es nicht weiter, hat das Gehirn gesagt, und nach fünf Jahren hat sich die Lunge bereit erklärt zu helfen." – Zitat Kafka) → lange **Aufenthalte** bei Schwester Ottla **auf dem Land**
- September/Dezember 1917: zweite Entlobung von Felice und endgültige Trennung
- bereits seit 1903 wegen labiler Gesundheit immer wieder **Sanatoriumsaufenthalte**, ab 1917 in kürzeren Abständen
- 1919: Kuraufenthalt und Kennenlernen von **Julie Wohryzek** (Tochter eines Prager Schusters) → Verlobung, aber Scheitern der Beziehung, die **von Kafkas Vater abgelehnt** wird
- Streit mit dem Vater → Verfassen des nie abgeschickten *Briefs an den Vater*
- 1920: Beginn eines intensiven Briefwechsels mit seiner Übersetzerin **Milena Jesenska** ohne Entwicklung einer dauerhaften Beziehung, da Milena verheiratet und Christin ist
- 1921: Bitte Kafkas an seinen **Freund Max Brod**, nach seinem Tod alle seine Manuskripte und Tagebücher zu verbrennen, was Brod aber nicht tun wird (1927: *Der Verschollene* veröffentlicht)
- Juli 1922: Pensionierung wegen seines Gesundheitszustands
- 1923: Hebräischunterricht und **Pläne, nach Palästina auszuwandern**
- Juli 1923: Sommerurlaub in Müritz an der Elbe und Kennenlernen der jungen Jüdin **Dora Diamant**, mit der Kafka danach in Berlin zusammenlebt
- 1924: Zuspitzung von Kafkas Krankheit → Rückkehr nach Prag
- **Tod** am 3. Juni 1924 in Wiener Sanatorium in Anwesenheit von Dora Diamant und Beerdigung in Prag-Straschnitz

Werkauswahl

- Erzählung *Das Urteil* (1912): Georg Bendemann wird durch seinen alten Vater, der ihm in allen Lebensbereichen Schuldgefühle einredet, in den Selbstmord getrieben
- Erzählung *Die Verwandlung* (1912): Gregor Samsa erwacht eines Morgens als Ungeziefer, wird daraufhin durch seine Eltern und seine Schwester immer mehr isoliert und stirbt schließlich
- Romanfragment *Der Prozess* (1914/15): Josef K. wird plötzlich verhaftet, erfährt in der undurchsichtigen Welt der Gerichte nie den Anklagegrund, wird zum Tode verurteilt und hingerichtet

Franz Kafka: *Der Verschollene*

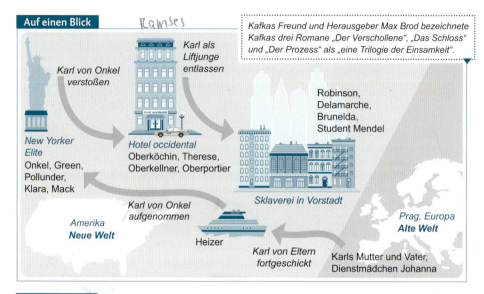

Auf einen Blick

Kafkas Freund und Herausgeber Max Brod bezeichnete Kafkas drei Romane „Der Verschollene", „Das Schloss" und „Der Prozess" als „eine Trilogie der Einsamkeit".

- Karl von Onkel verstoßen
- Karl als Liftjunge entlassen
- Robinson, Delamarche, Brunelda, Student Mendel
- New Yorker Elite: Onkel, Green, Pollunder, Klara, Mack
- Hotel occidental: Oberköchin, Therese, Oberkellner, Oberportier
- Sklaverei in Vorstadt
- Karl von Onkel aufgenommen
- Heizer
- Karl von Eltern fortgeschickt
- Karls Mutter und Vater, Dienstmädchen Johanna
- Amerika / Neue Welt
- Prag, Europa / Alte Welt

I. Der Heizer

- 17-jähriger **Karl Roßmann** auf Schiff nach **New York**; von Eltern aus Prag weggeschickt, weil er Dienstmädchen geschwängert hat
- vergisst Regenschirm beim Aussteigen, überlässt Unbekanntem seinen Koffer, verirrt sich in Schiff → Kabine eines Schiffsheizers, der über Unrecht durch Obermaschinist Schubal klagt
- volles Büro des Schiffskapitäns: **Karls Plädoyer** für den Heizer, ausführlicher Bericht des Heizers
- Karl von seinem reichen amerikanischen Onkel, Senator Edward Jakob, **als Neffe erkannt**
- Streit zwischen Heizer und Schubal, Abfahrt des Onkels und Karls auf kleinem Boot

II. Der Onkel

- luxuriöse New Yorker **Villa des Onkels** → **Karls Ausbildung:** Klavierspielen, Englischlernen und Reitunterricht bei jungem Herrn Mack; Einblick in Speditionsgeschäft des Onkels
- Abendessen mit Onkel, **Herrn Green und Herrn Pollunder** → Pollunders Einladung an Karl, ihn und seine **Tochter Klara** auf seinem Landgut in der Nähe von New York zu besuchen
- **Ärger des Onkels** über Karls Zusage an Pollunder → nur zögerliches Einverständnis

III. Ein Landhaus bei New York

- Überraschung: auch Green zu Besuch bei Pollunder, Abendessen, Karls Unwohlsein
- Karls Ablehnung, als Klara ihn in ihr Zimmer einlädt: **Kampf und Rangelei**, Klara drückt ihn auf Kanapee nieder, würgt ihn → Klara erneuert Einladung; **Karl möchte Besuch abbrechen**
- Karls Bitte an Pollunder, sofort abreisen zu dürfen → Karl solle sich von Klara verabschieden, vor Mitternacht werde er noch **wichtige Mitteilung von Green** erhalten
- Karls Klavierspiel vor Klara; Klaras Verlobter Mack applaudiert und bemängelt Karls Fehler
- **Brief des Onkels** durch Green überreicht: **Verstoßung Karls** wegen Besuchs bei Pollunder; Aushändigung seines alten Koffers und eines Tickets nach San Francisco; Karls sofortige Abreise

Inhalt

IV. Der Marsch nach Ramses

- im Nachtlager eines Wirtshauses: Kennenlernen der Arbeitslosen **Robinson und Delamarche**: Einladung an Karl, mit ins Landesinnere nach Butterford zu gehen, wo Arbeitsstellen frei seien
- Nachtlager unter freiem Himmel: Karl holt Verpflegung aus Hotel occidental und lehnt Einladung der Oberköchin zum Übernachten im Hotel ab (seine Begleiter seien zu schmutzig und laut)
- Karls Koffer durch Robinson und Delamarche aufgebrochen, Verstreuen des Inhalts → **Karls Wut**
- erneut Einladung für Hotelaufenthalt durch Hotelangestellten; **Fehlen des Fotos von Karls Eltern** → erfolglose Durchsuchung von Robinson und Delamarche, Karls Abreise ins Hotel

V. Im Hotel occidental

- Vermittlung der Oberköchin: Karl **als Liftjunge angestellt**; Gespräch mit Schreibkraft Therese
- Karls guter Dienst als Liftjunge in ersten Wochen (12h-Schichten); an freien Tagen: Hilfe für Therese bei Besorgungen in Ramses, **Weiterbildung mit Kaufmannslehrbuch**
- vor Hotel: Delamarche fragt Kollege Renell über Karl aus → Thereses Sorgen um Karl

VI. Der Fall Robinson

- **betrunkener, sich übergebender Robinson** vor Lift → Karl bringt ihn in Schlafsaal → Karl wegen Dienstversäumnisses durch Oberkellner **entlassen**; Vorwürfe des Oberportiers
- Schlichtungsversuch der Oberköchin gescheitert: Auslösen einer Schlägerei im Schlafsaal durch Robinson → niemand glaubt Karls Richtigstellungen
- Karl zur weiteren Untersuchung durch Oberportier festgehalten, **Karls Flucht aus Hotel ohne Koffer und ohne Geld** → Abreise im Auto mit verletztem Robinson zu dessen Wohnung

Es mußte wohl eine entlegene …

- in Vorstadt: Karl von Polizist aufgehalten → Flucht durch Straßen, **Rettung durch Delamarche**
- kleine **Wohnung der Sängerin Brunelda** → Übernachten auf Balkon; Karl an Abreise gehindert
- Robinsons Erzählung über Brunelda → Karl solle ihr **neuer Diener** werden; Fluchtversuch endet in Schlägerei mit Robinson auf Balkon
- Beobachten einer **Wahlkampfveranstaltung** vom Balkon aus; Karls Bitte um Abreise abgelehnt
- Karls Scheitern beim Versuch Tür aufzubrechen → **Schlägerei** mit Delamarche
- Karls Gespräch mit Student Josef Mendel vom Nachbarbalkon: Rat, bei Delamarche zu bleiben

„Auf! Auf!" rief Robinson …

- Karls Entschluss zum Verbleib; aufwendige **Waschung von Brunelda**→ ihr Befehl, bei Vermieterin Frühstück zu holen → Tadel für verspätetes Frühstück, aber auch **Lob für Karls Eifer**

Fragmente

- *Ausreise Bruneldas*: Karl trägt mit Student Brunelda die Treppen hinab und schiebt sie (mit grauem Tuch bedeckt) **in einem Handwagen durch Straßen** in dubioses Unternehmen Nr. 25
- *Karl sah an einer Straßenecke…*: **Theater von Oklahoma** sucht in Clayton mit Engel-Trompeten-Inszenierung neues Personal → Karl als Ingenieur abgewiesen; aufgenommen als Schauspieler unter Namen Negro → Gespräch mit Personalchef: Karl **als technischer Arbeiter angestellt**; Feier für neu Angestellte; Wiedersehen mit Liftjungen Giacomo; Zug nach Oklahoma
- *Sie fuhren zwei Tage…*: Zugfahrt nach Oklahoma: **Amerikas Größe, landschaftliche Schönheit**

Franz Kafka: *Der Verschollene*

Auf einen Blick

Die tschechische „Kafka Band" macht mit Kafkas Romanen Musik. Bei den Konzerten werden Kafkas Texte melodisch vorgelesen und mit Musik und mit Videoclips begleitet.

Entstehung und Aufbau

- 1913: Heizer-Kapitel, 1927 Veröffentlichung des Romans
- triadischer Aufbau: I bis III, III bis VI, restliche Kapitel
- Handlungsschema:
  → Aufnahme, Integration, Verstoßung
- Episodenhaftigkeit der Handlung

▼

Der Verschollene als Fragment mit offenem Ende

Erzählform

- personaler Er-Erzähler
- Karl Roßmanns Gedanken und Wahrnehmungshorizont im Fokus

▼

Identifikation mit Karl, aber auch Wundern über seine Naivität

Erzählerische Elemente

- Reden
- Binnenerzählungen
- Brief des Onkels
- skurril-humorvolle Szenen

▼

verschiedene Sichtweisen und Schicksale, Nebeneinander von Tragik und Komik

Aufbau und Form

- **Titel:** von Max Brod 1927 gewählter, neutraler Titel *Amerika*; Kafkas ursprünglicher Titel: *Der Verschollene* → mögliche Irreführung: Karl ist nicht verschollen, sondern wird **mit Absicht von Eltern verstoßen und nach Amerika geschickt**
- Veröffentlichung des *Heizer*-Kapitels 1913, restliche Kapitel posthum 1927 erschienen
- **triadischer Aufbau des Textes:** Kap. I bis III: New York → Kap. IV bis VI: Ramses → restliche Kapitel: Brunelda und Oklahoma
- Kap. I bis VI: obere Schichten und Bürgertum; zwei überschriftslose Kapitel und Fragmente: Arbeiter, Unterprivilegierte, Zwielichtige → **Geschichte des sozialen Abstiegs**
- Kap. I bis VI = logische Einheit: **von Verurteilung in Europa bis zu Verurteilung in Amerika** → mühsame Arbeit an weiteren Kapiteln → Kafkas Klage darüber in Brief vom 26. 01. 1913: „[Mein Roman] läuft mir auseinander, ich kann ihn nicht mehr umfassen."
- Brief an Felice Bauer vom 11. 11. 1912: Geschichte des Verschollenen sei „ins Endlose angelegt" → kein übergeordneter Plan für gesamte Handlung, **Episodenhaftigkeit der Geschichte**
- wiederkehrendes **Handlungsschema:** Aufnahme → Integration → Verstoßung
- Struktur durch Karls Reisen und seine Aufenthaltsorte → **Karls Odyssee durch Amerika** von der Ostküste ins Landesinnere
- „Theater von Oklahoma": Versuch, Handlung neu anzukurbeln; Zukunftsaussicht für Karl
- **unvollendeter Roman:** Brods Behauptung, Kafka wollte Roman positiv enden lassen vs. Tagebucheintrag von Kafka (30. 09. 1915): Karl werde wie Josef K. umgebracht

Erzählweise

- Erzählform: **personaler Er-Erzähler**, Welt und Geschehnisse durchgängig aus Karls Sicht geschildert → Einladung zur Identifikation mit Karl, aber auch Zweifel an Karls Wahrnehmung

Aufbau und Form

- **Erzählerbericht: Vielzahl an detaillierten Beschreibungen** etwa von Gebäuden, Städten, Straßenverkehr, Technik (z. B. S. 39 ff., 47 f., 52 f., 106 ff.) → Eindruck, dass Karl diese neuen „amerikanischen" Sinneseindrücke noch nicht einordnen kann, keine Reflexion darüber
- chronologische Erzählung mit eingestreuten Rückblenden (z. B. Karls Erinnerung an Dienstmädchen Johanna Brummer, S. 30 f.) → Beitrag zum Verständnis der Haupthandlung
- teils **sehr szenisches Erzählen** auch aufgrund der **Vielzahl an Dialogen** → filmischer Eindruck, v. a. bei Schilderung der Gebäude und des Straßenverkehrs, Karls Flucht aus Hotel (S. 185 ff.): Assoziation zu Chaplin-Filmen
- **Binnenerzählungen:** Therese über Tod ihrer Mutter (S. 137 ff.), Robinson über Kennenlernen von Brunelda (S. 210 ff.); **Reden:** Karls Plädoyer für den Heizer (S. 17 f.), bloßstellende Schilderungen des Onkels bzgl. Karl und seiner Familie (S. 28 ff.); **Brief des Onkels an Karl** (S. 85 f.); **Beschreibung der Wahlkampfveranstaltung** (Mauerschau vom Balkon, S. 223 ff.)
- **innere vs. äußere Handlung:** in Kap. I bis III häufig Karls Gedanken im Vordergrund, dann zunehmend weniger Einblick in sein Innenleben → kein Raum mehr für verträumten Idealismus bei Karls harter Lebensrealität (Ausnahme: Karls Fantasie über Bürobeschäftigung, S. 244 f.)
- **Erzähltempus: Präteritum**
- erzählte Zeit: lineare Erzählung ohne Zeitsprünge; **wenige zeitliche Hinweise im Text** (z. B.: unklar, ob Karl anderthalb oder zwei Monate im Hotel occidental angestellt; vgl. S. 136, 167); gegen Ende des Romans: Zeitsprünge angedeutet („Eines Morgens", S. 263; Karls Behauptung, er habe in einem Büro gearbeitet, vgl. S. 284) → gesamte Handlungsdauer: wohl wenige Monate

Sprache und Stil

- **Dominanz von argumentativer Rede:** Austausch von Argumenten, Rede und Gegenrede, verbales Ringen um Recht und Unrecht → Lügen, Unterstellungen, Missverständnisse und Verdrehen der Tatsachen (z. B. in Debatte mit Oberkellner Isbary, S. 156 ff.) → Kommunikation als ständiger **Kampf um Deutungshoheit** und als **Demonstration von Macht**
- **nüchtern-sachliche Wortwahl** des Erzählers und Neigung zu langen, hypotaktisch verschachtelten Sätzen → Augenmerk auf Verdeutlichung der Zusammenhänge
- präzise und gehobene Sprache von Karl und anderer Figuren, wenig individuelle Unterschiede, auffallende Ausnahme: „ungeschickte Ausdrucksweise des Heizers" (S. 19)
- Karl von anderen Figuren teils Karl, teils Roßmann genannt; Wechsel zwischen Duzen und Siezen → Mischung von Nähe und Distanz, von **Empathie und Herabsetzung gegenüber Karl**
- **skurril-grotesk** gestaltete Szenen: z. B. Rauferei mit Klara (S. 63 ff.), Flucht aus Hotel (S. 185 ff.), Waschung von Brunelda (S. 246 ff.) → humorvolles Gegengewicht zu tragischen Ereignissen
- **christlich-religiöse Sprache** bei Rekrutierungsveranstaltung für Theater von Oklahoma: z. B. „Verflucht sei wer uns nicht glaubt!" (S. 271) → mythologische Überhöhung des Theaters
- real existierende Orte (z. B. New York, Oklahoma) vs. fiktive Orte (Ramses)
- **Kafkas Schwäche im Umgang mit englischen Begriffen:** z. B.: „New York" vs. „New-York" vs. „Newyork", durchgängig „Oklahama" statt „Oklahoma"

Literarische Form

- **Bildungsroman:** *Der Verschollene* als Parodie des klassischen Bildungsromans (z. B. Goethes *Wilhelm Meisters Lehrjahre*), keine Entwicklung des Helden Karl → besser: **Anti-Bildungsroman**
- **Auswanderungs- oder Exilgeschichte:** Held verlässt Heimat, um in Fremde Glück zu suchen → Karls Auswanderung ist erzwungen und er erfährt Unglück und sozialen Abstieg

Franz Kafka: *Der Verschollene*

Auf einen Blick

Zivilisationskritisch
- kein Unterschied zwischen Alter Welt Europa und Neuer Welt Amerika
- Dekonstruktion des *American Dream*: Karls beständiger sozialer Abstieg
- Darstellung der modernen Welt in ihrer Menschenfeindlichkeit: Gebäude, Verkehr, Arbeit, Technik

Konflikte mit dem Vater und mit väterlichen Autoritäten prägten Kafkas gesamtes Leben und all seine literarischen Werke. Ein Literaturwissenschaftler bezeichnete Franz Kafka deswegen als „ewigen Sohn".

Soziologisch
- kein Mitleid und keine Solidarität in der Gesellschaft
- Stellenwert von Macht, Autorität und Glück
- Scheitern der Integration
- schiefes Verhältnis zwischen Vergehen und Strafe
- Einsatz von körperlicher Gewalt

Psychologisch
- zwischen Junge und Mann: fehlende Reife
- Umgang mit Sexualität
- Naivität und großes Gerechtigkeitsempfinden
- Suche nach Vater- und Mutterfiguren: Doppelrolle als Sohn und Vater

keine Allgemeingültigkeit nur eines Deutungsansatzes, sondern immer Zusammenspiel mehrerer Lesarten

Psychologische Lesart

- Karl Roßmann: Deutscher aus Prag, unklar, ob 17 (S. 7) oder 15 Jahre alt (S. 122); von anderen als „Kleiner", „Knabe", „Junge" und „junger Mann" bezeichnet → Adoleszenzphase, **fehlende Reife und Erfahrung** → in entscheidender Entwicklungsphase auf fremdem Kontinent verstoßen
- **keine Voraussetzungen für Erfolg:** kein Geld für Studium, schlechter Schüler ohne Ausdauer, Klage über lebensferne Ausbildung an europäischem Gymnasium, ohne Englischkenntnisse, an Technik interessiert (Traumberuf Ingenieur) → **Karls Scheitern vorprogrammiert**
- positive Reaktionen anderer auf Karls Person und seine Schönheit (vgl. S. 14, 64, 274)
- Karls **Vergesslichkeit, Naivität, ausgeprägtes Gerechtigkeits- und Mitleidsempfinden:** Einsatz für Heizer als „Sache der Gerechtigkeit" (S. 34), Mitleid wegen Robinsons Sklavendienst bei Brunelda (S. 216 ff.) → ABER: kein Engagement für eigene Belange, Ertragen des Unrechts
- starke Bindung an Eltern trotz ungerechter Strafe → kein Groll, Foto der Eltern wichtig für Karl
- **vergebliche Suche nach neuen Vater- und Mutterfiguren:** Heizer, Onkel, Pollunder, Oberköchin → Karl in Doppelrolle als Sohn und Vater: keine Gedanken an seinen Sohn Jakob
- Freunde: Robinson und Delamarche als „Kameraden" bezeichnet, sind aber **falsche Freunde** → Oberköchin und Therese als einzige Personen mit Wohlwollen und Empathie für Karl
- Karls Erfahrungen mit Frauen: Erleben von Nähe, Erotik und **Sexualität als Übergriff** bzw. beinahe als **Vergewaltigung** (Dienstmädchen, Klara) oder als bizarres Schauspiel (Brunelda mit Delamarche) → Karls Reaktionen: Unbehagen, Ekel, Tränen, Wut, Scham

Soziologische Lesart

- Kafkas amerikanische Gesellschaft: **kein Mitleid und keine Rücksicht** für jungen Karl → Gebot des Stärkeren, **Willkür der Mächtigen**, Egoismus der Menschen
- Fokus auf **Erhalt von Macht und Autorität:** z. B. bei Onkel („Du hast Dich gegen meinen Willen dafür entschieden, heute Abend von mir fortzugehn", S. 86) und bei Oberkellner („Es handelt sich um meine Autorität, da steht viel auf dem Spiel", S. 161)

Deutungsansätze

- Forderung des Onkels nach offizieller Anerkennung seiner Autorität durch Karl („Und jetzt [...] will ich von Dir offen hören, ob ich Dein Onkel bin oder nicht", S. 32)
- **unangemessenes Verhältnis zwischen Vergehen und Strafe**, alttestamentarische Strenge: von Dienstmädchen verführt → nach Amerika geschickt; Einladung Pollunders angenommen → von Onkel verstoßen; wenige Minuten vom Arbeitsplatz abwesend → als Liftjunge entlassen
- **Scheitern der Suche nach gesellschaftlicher Zugehörigkeit** und Integration: **Abwärtsspirale** aus Aufnahme → Übertretung eines Gebots → Verstoßung
- **Einfluss von Glück und guten Kontakten:** Glück, reichen Onkel auf Schiff zu finden („Es erwartet Sie nunmehr, doch wohl ganz gegen Ihre bisherigen Erwartungen eine glänzende Laufbahn", S. 27); Glück, dass Oberköchin ihm Job als Liftjungen verschafft; Glück, dass Theater von Oklahoma jedem Menschen eine Arbeitsstelle anbietet
- bei Problemen, Fehlern oder Streit → **Vorverteilung** von Menschen, kein Interesse an Wahrheitssuche (Karl: „Es ist unmöglich sich zu verteidigen, wenn nicht guter Wille da ist", S. 171)
- **keine Solidarität** unter Gleichgestellten, **Streben nach eigenem Vorteil:** Karl von Robinson und Drahtzieher Delamarche beklaut und belogen; Gelingen ihres Plans, Karl aus Hotel zu locken und ihn zu Brunelds Diener zu machen → **Karl als Spielball**
- oftmals **Gewalt als letzte Lösung von Konflikten:** erotisch-neckische Rauferei mit Klara, blutige Prügeleien mit Robinson und Delamarche → Aufgeben des zivilisierten Verhaltens, Sieg der animalischen Seite des Menschen

Zivilisationskritische Lesart

- Kafka war nie in Amerika, von literarischen Darstellungen und Reiseberichten beeinflusst, einige seiner Verwandten in die USA ausgewandert → **Kafkas Amerika als imaginiertes Amerika**
- **Unkenntnis über Amerika:** Kafkas falsche Schreibweisen von Orten, Brücke über Hudson-River von New York nach Boston (S. 101), Freiheitsstatue mit Schwert statt Fackel (S. 7) → böses Omen für Karl: Begrüßung mit Schwert des Krieges (statt mit Fackel der Freiheit)
- **Sezierung des Mythos von der Neuen Welt Amerika:** trotz Hoffnungen auf Fortschritt und Versprechungen für besseres Leben → dieselben Hierarchien, sozialen Mechanismen und Ungerechtigkeiten wie in der Alten Welt Europa
- übertriebenes **Heilsversprechen des Theaters von Oklahoma:** evtl. Metapher für Jenseits
- American Dream: durch Arbeit und Disziplin vom Tellerwäscher zum Millionär: „Ich habe [...] von irgend jemandem gelesen, der bei Tag in einem Geschäft gearbeitet und in der Nacht studiert hat, bis er Doktor und ich glaube Bürgermeister wurde." (S. 11), vgl. auch Aufstieg des Onkels (S. 48) ↔ **Karls amerikanischer Albtraum** und Zukunftspessimismus des Studenten Josef Mendel („Amerika ist voll von Schwindeldoktoren", S. 242)
- Karls Weg als **schrittweiser sozialer Abstieg:** Senatorenzögling → Liftjunge → Diener
- **Darstellung der modernen Welt** → Monstrosität, Undurchschaubarkeit, Unmenschlichkeit:
  - **Gebäude:** labyrinthartige Villen des Onkels und Pollunders vs. enge Wohnblocks in Vorstadt
  - **Straßenverkehr** (z. B. S. 40, 52 f.): Unendlichkeit der Straßen und Diktat der Geschwindigkeit
  - **Menschenmassen** (Hotelbuffet S. 106 ff., auch 223 ff.): Anonymität, Irrationalität
  - **Arbeitswelt:** Karls 12h-Schichten (ein Tag pro Woche frei) als Liftjunge (S. 128 ff.), Demonstration der Metallarbeiter (S. 52 f.) → Ausbeutung bis zur Erschöpfung, soziale Ungerechtigkeit
  - **Technik:** wundersamer Schreibtisch (S. 41), maschinengleicher Arbeiter in Firma des Onkels (S. 47 f.), mechanische Abläufe in Hotel occidental (S. 177 ff.) → Dominanz der Maschinen, Menschen zu Apparaten degradiert

Th. Mann: *Bekenntnisse des Hochstaplers Felix Krull*

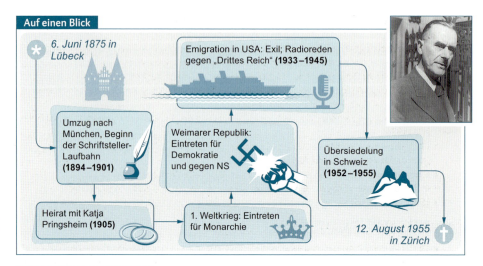

Kindheit (1875–1891)

- Geburt am 6. Juni 1875 in der Freien Hansestadt **Lübeck**
- **Vater** Thomas Johann Heinrich Mann, wohlhabender Getreidegroßhändler und angesehener Senator → legt Wert auf **bürgerliche Tugenden** (Korrektheit, Ordnungswillen, Leistungsethos)
- **Mutter** Julia da Silva-Bruhns (Tochter eines deutschen Plantagenbesitzers in Brasilien und einer Brasilianerin) → **temperamentvoller**, unbürgerlicher, **künstlerischer** Charakter
- vier **Geschwister**: älterer Bruder **Heinrich**, der auch Schriftsteller wird
- Privatunterricht, dann bis 1894 Besuch des Katharineums (Gymnasium); mäßige Leistungen
- 1891: Tod des Vaters → im Testament verfügte **Auflösung der Firma**, Zinsen für Frau und Kinder (Söhne nicht an Nachfolge in Firmenleitung interessiert)

Berufliche und private Orientierung (1894–1913)

- 1894: Thomas folgt Mutter nach **München**
- Volontär bei Versicherungsgesellschaft = kurzzeitiger Versuch, bürgerliche Existenz aufzubauen
- Gasthörer an Technischer Hochschule, dann aber Hinwendung zu Kunst und Literatur; **bohemehaftes Leben** in München
- **schriftstellerische Versuche** (literarische Texte sowie journalistische Beiträge in Zeitschriften)
- 1895–1898: mehrere **Reisen** von Thomas und seinem Bruder Heinrich nach Italien; Beginn der Arbeit am Roman *Die Buddenbrooks*
- 1898/99: Lektor für die Satire-Zeitschrift *Simplicissimus*
- 1900: Entlassung aus Militärdienst wegen Dienstuntauglichkeit
- 1901: Erscheinen der *Buddenbrooks* → **Durchbruch als Schriftsteller**
- 1905: trotz homoerotischer Neigungen Heirat mit **Katja Pringsheim** (Tochter eines Münchner Professors, aus deutsch-jüdischer Gelehrten- und Bankiersfamilie) → sechs Kinder; Katja organisiert Familienleben
- Veröffentlichung mehrerer Novellen (u. a. *Gladius Dei*, *Tristan*, *Der Tod in Venedig*, *Tonio Kröger*)

Biografie

Krieg und Republik: Politische Orientierung (1914–1930)

- Erster Weltkrieg: Kriegsbegeisterung; konservative, **monarchische Position** → **Zerwürfnis mit Heinrich**, der sozialdemokratischen und liberalen Ideen nahesteht
- 1918: Streitschrift *Betrachtungen eines Unpolitischen* → Angriff auf Heinrich
- Distanzierung von früherer demokratiefeindlicher Position und **Bekenntnis zur Weimarer Republik** → 1922: Versöhnung mit Heinrich
- Veröffentlichung zentraler Werke: Roman *Der Zauberberg* (1924); Novelle *Unordnung und frühes Leid* (1926)
- 1926: Urlaubsreise ins faschistische Italien (Forte dei Marmi bei Viareggio) → Stoff und Anregung für Novelle *Mario und der Zauberer*
- 1929: Auszeichnung mit **Literaturnobelpreis** (für *Buddenbrooks*)
- kritische Einstellung gegen Nationalsozialismus → Anfeindung wegen „Landesverrat"
- 1930: **Veröffentlichung von *Mario und der Zauberer***

NS-Zeit und Exil (1930–1945)

- 1933: kehrt auf Drängen seiner Kinder Erika und Klaus von europäischer Vortragsreise nicht nach München zurück → **Emigration und Exil** (unterschiedliche Stationen: Südfrankreich, Schweiz, USA; Erhalt der tschechoslowakischen Staatsbürgerschaft) → 1936: Aberkennung der deutschen Staatsbürgerschaft, Beschlagnahmung seines Besitzes
- 1938: „Anschluss" Österreichs → Entschluss zur **Auswanderung in die USA**
- bis 1952 in Amerika (1944 US-Staatsbürgerschaft): Gastprofessur in Princeton, dann Pacific Palisades, Kalifornien → **geistiges Zentrum der emigrierten deutschen Intellektuellen**, Unterstützung anderer deutscher Emigranten
- 1942/45: **BBC-Radioreden** *Deutsche Hörer!* → Aufruf zum Widerstand gegen Hitlerdiktatur

Nachkriegszeit und Tod (1947–1955)

- 1947: Roman *Doktor Faustus*
- nach dem Krieg Reisen nach Europa: nimmt 1949 sowohl in Frankfurt den **westdeutschen** als auch in Weimar den **ostdeutschen Goethe-Preis** entgegen → Bekenntnis zu Deutschland als Ganzem; Einsatz für Überwindung der politischen Spaltung
- **Anfeindungen** in Bundesrepublik, da er Deutschland durch Emigration im Stich gelassen habe
- in USA Verdächtigungen, Mann würde Kommunisten nahestehen → Entschluss, nach Europa **umzusiedeln**: ab 1952 in Kilchberg bei **Zürich**
- **Tod** am 12. August 1955 in Kantonhospital in Zürich infolge einer Thrombose

Entstehungsgeschichte von „Felix Krull"

- **Anregung:** Memoiren des Hochstaplers Georges Manolescu (1906)
- 1909–13: Arbeitsphase → 1922: Veröffentlichung von *Die Bekenntnisse des Hochstaplers Felix Krull. Buch der Kindheit* (Kindheit Krulls bis zum Suizid des Vaters)
- 1937: erweiterte Ausgabe (bis zur Musterungsepisode)
- 1951–54: Arbeitsphase → **1954: Veröffentlichung** des Fragments als *Der Memoiren erster Teil*
- großer **Erfolg** bei Kritik und Lesepublikum → Übersetzungen, Verfilmungen
- **Fortsetzung** geplant, aber nicht realisiert; Skizzen: Reisen Krulls nach Argentinien, USA, Ägypten; Papstaudienz; Heirat; Tod der Frau; Verhaftung; Flucht aus Gefängnis nach England

Th. Mann: *Bekenntnisse des Hochstaplers Felix Krull*

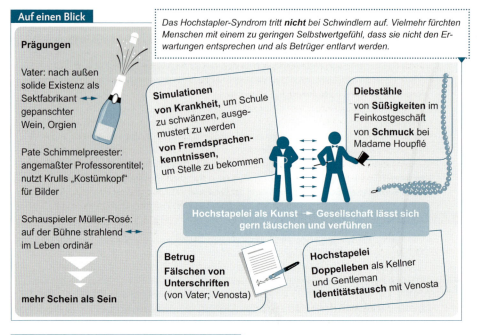

1. Buch: Entwicklung der eigenen Anlagen

- Rechtfertigung des 40-jährigen Ich-Erzählers für sein Schreiben; Betonung des Wahrheitsgehalts seiner Bekenntnisse; Herkunft aus dem Rheingau
- Selbstvorstellung als **Sonntagskind** mit feinem Körperbau, Charakteristika: Fantasie, Schlaflust, Begeisterung für Verkleidungen → **Außenseiter**
- Vorstellung des Elternhauses:
  - **Vater: Schaumweinfabrikant**, aber auch Schwindler, der Kunden mit gepanschtem Wein betrügt und seine Frau hintergeht; zwielichtiges, verschuldetes Großbürgertum
  - freizügige Sitten in der Familie: Feiern von Orgien → von der bürgerlichen Gesellschaft misstrauisch beäugt
- bei Besuch eines Kurbads: der kleine Felix täuscht vor, ein **Geigen-Wunderkind** zu sein
- **Pate Schimmelpreester:** Künstler mit angemaßtem Professorentitel: nützt **„Kostümkopf"** von Krull, um ihn in immer neuen Rollen Modell sitzen zu lassen
- erster **Theaterbesuch** in Wiesbaden als zentrales Erlebnis: Bekanntschaft mit dem **Schauspieler Müller-Rosé:** auf der Bühne eine strahlende und faszinierende Erscheinung, im realen Leben eine unansehnliche, pickelige und ordinäre Person → Krulls Erkenntnis, dass **Publikum betrogen werden will**
- **Schulschwänzen:** befreit sich selbst durch gefälschte Unterschrift des Vaters vom Unterricht, spielt Krankheiten vor → der unfähige Hausarzt geht darauf ein
- **Diebstähle von Süßigkeiten** im Feinkostladen als Ausdruck seines Freiheitsgefühls
- **erotische Erfahrungen:** Zimmermädchen Genovefa führt Krull in die Liebe ein
- **Konkurs und Suizid des Vaters**; mit 18 Jahren Schulabgang Krulls ohne Zeugnis

Inhalt

2. Buch: Entfaltung seiner Anlagen

- Metareflexion des Erzählers: Zweifel an Wirkungsmacht seiner Lebensbeschreibung
- **Beisetzung des Vaters:** Gesellschaft meidet Familie → Krull in seinem **Hang zur Weltflucht** bestärkt (Überzeugung, seine schöne Gestalt durch eigenes Verdienst erreicht zu haben)
- **Pläne Schimmelpreesters für die Familie:** Tochter als Operettensängerin, Mutter als Pensionswirtin, Felix als Hotelkellner → Umzug von Mutter und Sohn nach **Frankfurt**
- Krull studiert als Beobachter großstädtisches Leben, v. a. das der oberen Schicht
- **Musterung:** Krull erreicht durch Simulieren eines epileptischen Anfalls die Freistellung
- Liebesschule bei der **Prostituierten Rosza**; Studium der Halbwelt, Betätigung als Zuhälter
- Reise nach **Paris; Diebstahl eines Schmuckkästchens** von Madame Houpflé an der Grenze
- Ankunft im **Hotel**, dem von Schimmelpreester vermittelten Arbeitsplatz; der Koch **Stanko** überrascht Krull bei Begutachtung des gestohlenen Kästchens, bietet Hilfe beim Verkauf an
- **Vorstellungsgespräch** mit Hoteldirektor Stürzli, der ihn als Liftboy einstellt und in **Armand** umbenennt; **Verkauf der Juwelen** beim Hehler; Neueinkleidung mit dem erlösten Geld
- **Liebesnacht mit Madame Houpflé**; sie offenbart ihre Betätigung als Schriftstellerin, aber auch ihre masochistischen Neigungen: Wunsch nach Erniedrigung durch den ihr sozial unterlegenen Mann; sie vergleicht Krull mit dem Gott **Hermes;** Erregung, als Krull ihr den Diebstahl des Kästchens gesteht → sie besteht darauf, dass er sie in ihrer Gegenwart erneut bestiehlt

3. Buch: Karriere als Hochstapler

- **Zirkusbesuch:** Krulls Bewunderung für die Trapezkünstlerin **Andromache**
- Wechsel in **Geschirr-, dann Kellnerdienst**
- **zudringliche Verehrung** durch zwei Hotelgäste: **Eleanor Twentyman**, Tochter eines britischen Unternehmers, will mit Krull durchbrennen; **Lord Kilmarnock** will ihn als Kammerdiener mit nach Schottland nehmen und lockt ihn mit der Aussicht auf Adoption → Absage Krulls
- Bekanntschaft mit **Marquis de Venosta** aus Luxemburg, der mit seinem Studium (Kunst statt Jura) und Liebesleben (Sängerin Zaza) gegen die Erwartungen seiner Eltern verstößt
- Krulls **Doppelleben**: kleine Wohnung → Wechsel zwischen Rollen als Kellner und Gentleman
- Begegnung von Venosta und Krull in einem Restaurant: Venosta gesteht seine **Zwangslage:** soll nach dem Willen der Eltern einjährige **Weltreise** antreten, um so von Zaza loszukommen
- Vereinbarung des **Identitätstauschs mit Venosta:** Krull reist, während Venosta in Paris seine Liebe lebt; Krull übt Venostas Unterschrift, erfragt Hintergrundwissen
- Kündigung des Hoteldienstes; Übergabe der Reisedokumente und des Siegelrings durch Venosta
- **Reise nach Lissabon:** im Speisewaggon Gespräch mit **Prof. Kuckuck**, Leiter des Naturhistorischen Museums von Lissabon, der ihn in Naturwissenschaften und Philosophie einführt
- Einquartierung im Hotel Savoy; **Bekanntschaft mit** Frau des Professors, **Senhora da Cruz-Kuckuck, und ihrer Tochter Suzanna**, genannt Zouzou, die ihn zu sich einladen
- Besuch des **Naturhistorischen Museums:** Krulls Freude über seine eigene „Feinheit und Eleganz" (S. 313) angesichts der ausgestellten Urtiere
- Essen bei Kuckucks: von **Mutter und Tochter beeindruckt**, Besuch des Botanischen Gartens
- **Brief** an die „Eltern" Venosta: Bericht über **Audienz** beim König Dom Carlos I., der ihm Orden verliehen hat; Bitte um Verlängerung des Aufenthalts in Lissabon; Antwortbrief der „Mutter"
- **Werben um Zouzou**: Gespräche über die Liebe; Besichtigung des Klosters Belem
- Besuch des **Stierkampfs**, an dem Krull die „künstlerische" Tötung des Stieres beeindruckt; Eroberung des „Doppelbildes" von Mutter und Tochter Kuckuck → **schläft mit Mutter**

Th. Mann: *Bekenntnisse des Hochstaplers Felix Krull*

Auf einen Blick

Die 1961 erschienene Erzählung „Olympia" von Robert Neumann ist als Lebensbeichte von Krulls Schwester gestaltet. Thomas Manns Tochter Erika verklagte den Autor wegen „Einbruchs in die Persönlichkeitsrechte einer Mann'schen Romanfigur".

Erzählendes Ich (40-jährig, „alt")
- chronologische, autobiografische Erzählung
- Vorausgriffe, Reflexionen
- „Bekenntnisse", aber keine Reue, keine moralischen Bewertungen
- sprachlicher Stil: unangemessen, antiquiert, übertreibend, beschönigend

Rückblick

Erlebendes Ich
- Kindheit und Jugend im Rheingau
- Erlebnisse in Frankfurt
- Hotelkarriere und Doppelleben in Paris
- Rollentausch mit Venosta: Beginn der Weltreise

Krull als Mittelpunkt, alle anderen nur Nebenfiguren

 gesellschaftlicher Aufstieg durch Rollentausch, aber keine Entwicklung des Charakters, keine Integration in Gesellschaft → Parodie auf Bildungsroman

○-○-○-○-○ Aneinanderreihung von Episoden → fortsetzbar, fragmentarisch

Aufbau und Form

- Unterteilung in **drei Bücher**, die immer länger werden: **1:** Kindheit und Jugend Krulls, Entwicklung seiner Talente und Fähigkeiten – **2:** Übergang in die große Welt (Frankfurt, Paris) und Erprobung seiner Fähigkeiten – **3:** nach Rollentausch Aufstieg in feine Gesellschaft
- **Abschweifungen, Exkurse, Vorausgriffe:**
  - **Störung der Chronologie** – Störung der gesellschaftlichen Ordnung durch erotische Abwege
  - Vorausdeutungen, um **Spannung** zu erzeugen (Anspielung auf Gefängnisaufenthalte)
- **Fragmentcharakter** und **Montageprinzip:** Vielzahl von Materialien eingearbeitet (Tagebücher, Reiseberichte, wissenschaftliche Abhandlungen, autobiografische Elemente)

Erzählweise

- **fiktive Autobiografie:** gealterter, müder Ich-Erzähler blickt auf sein Leben zurück
- Kontrast zwischen **erzählendem und erlebendem Ich**, aber keine Wandlung des Protagonisten
- **Betonung der Authentizität** des Erzählten, aber das erzählende Ich weiß mehr als das erlebende Ich (z. B.: junger Felix kann nach Theatererlebnis kaum über Schein und Sein philosophiert haben)
- direkte **Anreden des Lesers:** Identifikationsmöglichkeit mit Hochstapler → Wertesystem des Lesers infrage gestellt
- 3. Buch: vermehrt szenische Darstellung: Welt wird weniger durch Aktion als durch Gespräche vermittelt → Zurückdrängung der Handlung durch **Reflexionen** (u. a. über Sein und Schein)
- Krull als **absoluter Mittelpunkt**, alle anderen Personen nur Randfiguren:
  - **spiegeln** ihn (Schauspieler Müller-Rosé, Seiltänzerin Andromache, Stierkämpfer Ribeiro)
  - **deuten** seine Lebensweise (Kuckuck als Mentor, Houpflé, die ihn mit Hermes vergleicht)
  - **ermöglichen sein Vorankommen** (Schimmelpreester, Stanko, Venosta)
  - sind seine **„Opfer"** (Oberkellner Hector, Miss Twentyman, Lord Kilmarnock)

Aufbau und Form

Sprachliche Gestaltung

- **parodierende Anspielungen** auf den würdevollen Stil des alten **Goethe** und seine Autobiografie *Dichtung und Wahrheit* (z. B. parataktische Reihungen, Parenthesen, antiquierte Verbformen wie „ward" statt „wurde", S. 61) → **banale Inhalte in gestelzter Sprache** → Komik
- **sprachliche Selbstentlarvung Krulls:**
  - Vorliebe für **Fremdwörter und gewählte Wendungen**, mit denen Krull Weltläufigkeit beweisen u. Banales veredeln will („Tailormade" statt „Schneiderkostüm", „Pelzwerk" statt „Pelz")
  - gestelzt-elaborierte Wendungen („Ich oblag dem Schlafe zu jener Zeit fast im Übermaß", S. 81)
  - **Euphemismen** (Selbstmord des Vaters als „groß Ungemach", S. 106; Sexualität als „Die große Freude", S. 53) → **Beschönigung** und dekorative Aufwertung der Realität
  - **fremdsprachige Passagen** (Krull beweist bei Vorstellungsgespräch seine Mehrsprachigkeit, ohne Sprachen eigentlich zu beherrschen) = Ausdruck sprachlicher Hochstapelei
  → Erzähler Krull vergreift sich stilistisch im Ton: will als Teil der feinen Gesellschaft erscheinen
  → **Schwätzer**, der Verbrechen beschönigt; **auch als Schriftsteller ein Hochstapler**
- **Ironie** als zentrales Stilmittel Th. Manns:
  - Einnahme **verschiedener Perspektiven auf die Wirklichkeit** → keine Eindeutigkeit des Standpunkts, wechselseitige Relativierung (Bsp.: Müller-Rosé-Episode: Faszination und Ekel)
  - bei **Kombination von Adjektiven**, die teilweise Gegensätzliches bezeichnen („köstlich schmerzhaft", S. 31; „Göttlich-Dumme", S. 184) → Entschärfung der Gegensätze
- **Reisemotiv:**
  - Krull als Wanderer: **Grenzen** der Erfahrung, der Konvention und der Moral **überschreiten**
  - Zugreise von Paris nach Lissabon: zeitgleich wird Krull von Prof. Kuckuck im Gespräch durch die Räume und Zeiten des kosmischen Systems geleitet
- **Märchenmotive:** Krull als Sonntags- und Glückskind („Felix" = „der Glückliche"); Meistern von Abenteuern; sozialer Aufstieg durch Gestaltentausch; Held immer in der Welt aufgehoben

Literarische Form

Parodie auf Bildungsroman

- Gattung zeichnet traditionell den zielgerichteten Bildungsgang des Protagonisten nach; Entwicklung durchläuft mehrere Stufen, bis Individuum sich selbst bzw. seinen Platz in der Gesellschaft gefunden hat; oft durch Erzähler mit Kommentaren, Bewertungen begleitet
- Konzept des **Bildungsromans auf den Kopf** gestellt:
  - Krulls Ziel ist, **nicht die eigene Identität** zu finden, sondern stets in eine neue zu schlüpfen
  - Krull sieht sich als **„sein eigen Werk"** und zu allem begabt; Bildung durch Müßiggang, Prostituierte → Wert von Erfahrung und Erziehung wird relativiert (schwänzt Schule)
  - **Fehlen einer externen, moralisierenden Erzählinstanz**
  - Titel *Bekenntnisse* lässt Entwicklung und Reue erwarten → von Roman nicht eingelöst
- Idee des Bildungsromans nach Menschheitskatastrophen des 20. Jh. nicht mehr tragfähig

Parallelen zum Schelmenroman

- Protagonisten **täuscht Gesellschaft** durch Hochstapelei
- **subjektive** Erzählweise: Schelm erzählt rückblickend von Abenteuern
- **panoramatisches Prinzip:** Protagonist in immer neuen, abgeschlossenen **Episoden**
- ABER: Krull ist nicht naiv wie der Held im typischen Schelmenroman; **keine Konflikte mit Gesellschaft,** sondern nur glückhafte Begegnungen

Th. Mann: Bekenntnisse des Hochstaplers Felix Krull

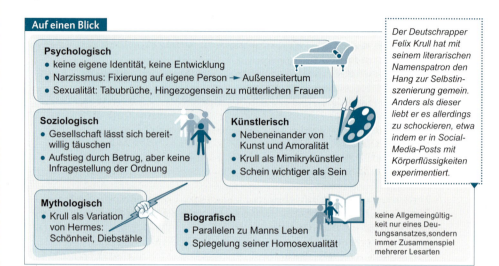

Auf einen Blick

Psychologisch
- keine eigene Identität, keine Entwicklung
- Narzissmus: Fixierung auf eigene Person → Außenseitertum
- Sexualität: Tabubrüche, Hingezogensein zu mütterlichen Frauen

Soziologisch
- Gesellschaft lässt sich bereitwillig täuschen
- Aufstieg durch Betrug, aber keine Infragestellung der Ordnung

Künstlerisch
- Nebeneinander von Kunst und Amoralität
- Krull als Mimikrykünstler
- Schein wichtiger als Sein

Mythologisch
- Krull als Variation von Hermes: Schönheit, Diebstähle

Biografisch
- Parallelen zu Manns Leben
- Spiegelung seiner Homosexualität

Der Deutschrapper Felix Krull hat mit seinem literarischen Namenspatron den Hang zur Selbstinszenierung gemein. Anders als dieser liebt er es allerdings zu schockieren, etwa indem er in Social-Media-Posts mit Körperflüssigkeiten experimentiert.

keine Allgemeingültigkeit nur eines Deutungsansatzes, sondern immer Zusammenspiel mehrerer Lesarten

Soziologische Lesart

- Krull trotz seiner Betrügereien und Straftaten als positive Figur → indirekt Kritik an **Gesellschaft, die sich blenden lässt**; Motto „mundus vult decipi" („Die Welt will betrogen werden")
- elegante Kleidung öffnet Krull Türen zu oberen Schichten: **Äußeres** wichtiger als wahre Identität; ABER auch „Der Mann macht das Kleid" (S. 242) = Umkehrung von „Kleider machen Leute"
- zeitgeschichtliche Umstände bleiben vage: **keine Konfrontation von Ich und Gesellschaft**, vielmehr erotische und spielerische Beziehung Krulls zur Welt
- **keine Kritik an Unterscheidung von arm und reich** → Krull strebt danach, zur privilegierten Schicht zu gehören, ABER: Gedanke, dass Geldaristokratie und Personal vertauschbar sind

Künstlerische Lesart

- **drei prägende theatralische Ereignisse:** Theater (Müller-Rosé), Zirkus (Andromache) und Corrida („Todesspiel" zwischen Mensch und Tier)
- **Müller-Rosé-Episode:**
  - **antithetische Struktur:** Illusion der Bühnenerscheinung vs. desillusionierende reale Person des Schauspielers; Zweiteilung des Gesichts in geschminkte und abgeschminkte Hälfte = **Gegensatz von Schein und Sein**
  - Müller-Rosé spielt Rolle des Schwerenöters → Vorwegnahme von Krulls Rolle als Venosta
  - **Bedürfnis des Künstlers nach Bestätigung**
  - beide wesensverwandt, aber Krulls Bühne ist das Leben
- **Doppelseitigkeit des Künstlers:**
  - Beispiel des antiken Bildhauers Phidias, der **Talent und Amoralität** vereinte (Künstler und Dieb) = Vorverweis auf Krulls Biografie
  - Krulls **Person selbst ist das Kunstwerk: Mimikrykünstler**, der bis zur Perfektion nachahmt; Genuss seiner Wirkung: „vom Fach der [...] Menschenbeglückung und -bezauberung" (S. 203)
  - **Kehrseite: illegale Taten** (Betrug, Urkundenfälschung, Diebstahl, falsche Identitäten), von Krull als Vorrecht des „Sonntagskinds" begründet

Deutungsansätze

Psychologische Lesart

- Krulls **Mangel an eigener Identität**: schafft sich immer neue Identität (Namenswechsel als äußerliches Zeichen des Neuanfangs)
- **keine Charakterentwicklung:** alles entwickelt sich um ihn als Mittelpunkt herum
- **Narzissmus:**
  - Überlegenheitsgefühl gegenüber menschlicher „Dutzendware" (S. 15): **Schönheit als Zeichen seiner Auserwähltheit**; „Ich war mir kostbar und liebte mich" (S. 262)
  - Eitelkeit, Selbstlob → von anderen bestärkt, seine Umgebung verfällt ihm
  - Krull ist stets Geliebter, nie aktiv Liebender, Affären bleiben auf rein sexueller Ebene → **Verzicht auf Bindung**, da Krull alles liebt
  - auf Distanz bedacht → **Außenseiter**; Isolation führt zur Steigerung seiner Ich-Erfahrung
- **Sexualität:**
  - **Verletzung der gesellschaftlichen Tabus:** vorehelicher Geschlechtsverkehr, Besuch bei Prostituierten, Ehebruch, Androgynie, Sadomasochismus → Zeichen der Außergewöhnlichkeit
  - Gemeinsamkeit von Verkleidung und Sexualität: **Ichverlust durch Hingabe an anderes Ich**
  - besonders enge Beziehung zu **Frauen des mütterlichen Typus** (reifes Alter)
  - sieht in Mutter und Tochter Kuckuck die **Einheit des Weiblichen** (des Jungfräulichen und Mütterlichen) → Erlebnis der Corrida: zugleich blutiges Opferritual des Stierkampfs und wogender Busen Maria Pias (= Gegensatz von Leben und Tod) → Krulls Gefühle verschieben sich von der Tochter auf die Mutter
  - Vereinigung mit Maria als **Rückkehr in den mütterlichen Schoß** → Einheit des Romans (von Geburt bis zu Rückkehr zum Ursprung)

Mythologische Lesart

- **Spiegelung von Krull in Hermes-Figur:**
  - motivische Anspielungen: Madame Houpflé preist Krulls Hermesbeine; „beflügelnde Schuhe" von Krulls Tennisdress (S. 354); Krull erwähnt Hermes, um Bildung vorzutäuschen
  - göttergleicher Wuchs und **Schönheit**
  - **Gott der Diebe** → Bezug zu Diebstählen Krulls
  - Hermes wird von Prof. Kuckuck als Inbegriff der „Vollkommenheit der menschlichen Figur" (S. 279) gepriesen → der Hochstapler **Krull begreift sich selbst als Krone der Schöpfung**
- Motiv des **Doppelwesens**: Maria Pia und Suzanna als Variation der Göttin **Demeter** (Große Mutter) und ihrer Tochter **Persephone**
- **Hermaphrodismus** (im Mythos zweigeschlechtlicher Mensch als Sohn von Hermes):
  - **androgyne Züge** Krulls
  - Krull zieht Herren an, die „Wunderbares" (S. 115) zwischen Mann und Frau suchen
  - Faszination für **„Doppelwesen"** (Geschwisterpaar in Frankfurt; Mutter u. Tochter Kuckuck)

Biografische Lesart

- **Parallelen zwischen Manns und Krulls Vita:** Geburtsjahr, Begeisterung für Schlaf und Rollenspiele, früher Verlust des Vaters, Abneigung gegen Schule, unterschiedliche Berufe
- Anspielungen auf eigene **Homosexualität:** Lob der männlichen Schönheit (Krulls Hermesbeine); Verarbeitung von Manns Gefühlen für einen Kellner in Beziehung Lord Kilmarnocks zu Krull
- Spannung zwischen **Künstlertum und Bürgertum** bestimmend für Manns Leben und Werk
- Bezüge zu eigener **Emigration**: Reise, Aufbruchsmotive

Reiselyrik

Auf einen Blick

Reisen ist nicht nur in der Lyrik ein beliebtes Thema, sondern auch in der deutschen Rock- und Poplandschaft wird das Unterwegssein immer wieder behandelt. Man denke nur an „Alles mit nach Hause" von den Toten Hosen oder an „Einmal um die Welt" von Cro.

Sturm und Drang/Empfindsamkeit (ca. 1765–1785)

Reales Reisen
- nun auch zweckfreies Reisen (**„Geniereise"**), das v. a. privilegierten Männern vorbehalten ist

Literarische Verarbeitung
- Suche nach **Zuflucht in der Natur** → Ziel: Finden von Bildern, um **eigene Seelenlage auszudrücken**
  BEISPIELGEDICHT: Friedrich Gottlieb Klopstock, *Der Zürchersee* (1750) → Lob der Natur, die Stimmung widerspiegelt: *Jetzt empfing uns die Au in die beschattenden / Kühlen Arme des Walds, welcher die Insel krönt: / Da, da kamst du, o Freude! / Ganz in vollem Maß über uns*
- Verbindung von Empfindung und Fortbewegung: Lob des Reisens zu Fuß, das größere Nähe zur Natur ermöglicht
  BEISPIELGEDICHT: Leopold Friedrich Günther von Goeckingk, *Erkannte Wohltat* (1780) → nur Fußgänger kann über Wunder der Welt staunen: *Ich danke Gott, dass ich zu Fuß muss gehen*
- Symbolcharakter des Reisens: Reise als **Reflexions- und Reifeprozess**
  BEISPIELGEDICHT: Johann Wolfgang Goethe, *Seefahrt* (1777) → Gefahren auf See, die durch Zurückbleiben hätten vermieden werden können, die im Vertrauen auf die eigene Kraft aber gemeistert werden: *Herrschend blickt er auf die grimme Tiefe / Und vertraut, scheiternd oder landend, / Seinen Göttern.*
- Entwicklung von **Italien** zum **„Sehnsuchtsland"** → Gegenüberstellung der „rauen" Schweiz mit dem „lieblichen" Italien (in Goethes Reiseberichten und -skizzen seiner Schweizreisen)
- Wandern als Getriebensein (Thema: **Heimatlosigkeit**)
- Konflikt zwischen ungebundenem, mühevollem Leben und angenehmer, domestizierter Existenz

Kleine Literaturgeschichte der Reiselyrik

Klassik (ca. 1786–1805)

Reales Reisen
- Fortbewegungsmittel: zu Fuß, Postkutsche → Wahrnehmung der Landschaft in Einzelbildern aufgrund **langsamer Reisegeschwindigkeit**
- **Italienreisen** (z. B. von Goethe 1786–1788) zur Begegnung mit der antiken Kultur und zur Erlangung neuer Erkenntnisse

Literarische Verarbeitung
- Reisen mit dem **Ziel der Erkenntnis** bzw. Veränderung: Wandel der Persönlichkeit bis zur **Vollendung**
- Reise als **Symbol für Reifung** (insgesamt Symbol- und Gleichnishaftigkeit der Lyrik)
  – Verbindung von Reisen mit menschlicher Entwicklung
  – **Fortbewegung und Innehalten** als zwei Bestandteile des Reifeprozesses
  BEISPIELGEDICHT: Johann Wolfgang von Goethe, *Auf dem See* (1789) → Reifung eines lyrischen Ich in Auseinandersetzung mit der Natur: *Morgenwind umflügelt / Die beschattete Bucht, / Und im See bespiegelt / Sich die reifende Frucht.*
- **Sehnsucht nach Ankommen**, Frieden und Ruhe → Wandern, um Teil der Natur zu werden
  BEISPIELGEDICHT: Friedrich Schiller, *Sehnsucht* (1801) → Wunsch nach Harmonie und Einklang mit der Natur: *Ach wie schön muss sich's ergehen / Dort im ew'gen Sonnenschein, / Und die Luft auf jenen Höhen, / O wie labend muss sie sein!*
- überwiegend diesseitsbezogen

Romantik (ca. 1795–1830)

Reales Reisen
- zu Fuß; Postkutsche; ab ca. 1820: Eilwagen → **Erhöhung der Reisegeschwindigkeit**

Literarische Verarbeitung
- Entdeckung der Vorteile der Langsamkeit und **Kritik an Beschleunigung** und Eile → Kontrast zur Dynamik der immer rascheren gesellschaftlichen und technischen Entwicklung
- **Wanderschaft als Hauptmotiv:** Suche nach dem Inneren und Unendlichen (Symbol der Blauen Blume), aber auch Wunsch nach Welterkundung (z. B. durch Gipfelbesteigung) oder Flucht
- Neuentdeckung des **ziel- und planlosen Wanderns** → Ab- und Umwege, Verweilen nach Lust und Laune, unregelmäßiger Reiserhythmus, Vergessen der Zeit → rein subjektbezogenes Reisen
- wundersame, bewegte **Natur**, die zum Wandern und Singen animiert und zum Aufbruch in die Ferne lockt → überwiegend **positiver Blick auf Reisen** als Gegensatz zu philisterhaftem Leben
  BEISPIELGEDICHT: Joseph von Eichendorff, *Der frohe Wandersmann* (1817) → Reisen im Vertrauen auf Gott: Kennenlernen der Wunder der Welt: *Die Trägen, die zu Hause liegen, / Erquicket nicht das Morgenrot, / […] / Die Bächlein von den Bergen springen, / Die Lerchen schwirren hoch vor Lust, / Was sollt ich nicht mit ihnen singen / Aus voller Kehl' und frischer Brust?*
- Reise als Lebensreise und **ewige Wanderschaft** → lyrisches Ich als **rastlos Suchender**, dessen Wanderschaft erst im Tod ein Ende finden kann
- weitere wichtige Themen: **Sehnsucht**, **Fernweh** (oft ohne Erfüllung) → beschriebene Landschaften oft kein reales Abbild der Natur, sondern Ausdruck einer Sehnsucht nach dem Ideal
- Reisen als Bedürfnis des Menschen, um begrenztes Dasein mit Offenheit des Unterwegsseins zu vertauschen = **Überwindung der Endlichkeit des menschlichen Lebens**

- Gefühl des Eingeschlossenseins und **Sehnsucht nach Aufbruch:** Haustüre und Fenster als Symbole für Möglichkeit, dem Alltag zu entfliehen
  BEISPIELGEDICHT: Joseph von Eichendorff, *Sehnsucht* (1830/31) → Sehnsucht, die Heimat zu verlassen und in die Ferne zu reisen: *Es schienen so golden die Sterne, / Am Fenster ich einsam stand / Und hörte aus weiter Ferne / Ein Posthorn im stillen Land. / Das Herz mir im Leib entbrennte, / Da hab ich mir heimlich gedacht: / Ach, wer da mitreisen könnte / In der prächtigen Sommernacht!*
- **Kreislauf** aus Aufbruch, Heimweh und Rückkehr
  – **Aufbruch:** verbunden mit Enthusiasmus, jugendlichem Aufbegehren, Abenteuer, Schönheit der Welt und Gefahr des Scheiterns
  – **Heimweh:** verbunden mit Ziellosigkeit, Einsamkeit und Wehmut
  – **Rückkehr:** verbunden mit Entfremdung, Ausgeschlossensein und erneuter Sehnsucht

Vormärz und Biedermeier (ca. 1815–1848)

Reales Reisen
- ab 1835 beginnendes **Eisenbahnzeitalter** → Zunahme der Reisegeschwindigkeit und **andere sinnliche Eindrücke:** vorbeieilende Landschaft, Maschinenlärm, Dampf

Literarische Verarbeitung
- Begeisterung, aber auch Ängste und Ablehnung: **Kritik an einer nur noch oberflächlichen Wahrnehmung** und Warnung vor Hybris des Menschen
- Wandel des Landschaftsraums: nicht mehr „der Weg ist das Ziel", sondern **Erreichen eines bestimmten Ortes** im Vordergrund → Veränderung der Proportionen und Bedeutungsverlust der Überwindung kürzerer Strecken
  BEISPIELGEDICHT: Friedrich Rückert, *Eilfahrt* (1833) → Kritik an Höherstreben der Menschen: *Sonst, wer zwei fremde Sprachen lernte, / Zehn Meilen sich vom Haus entfernte, / Der war gereist, der war gelehrt; / Das ist nun nicht der Rede wert.*
- **Eisenbahn als Ausdruck des Fortschritts** und einer neuen, schnelllebigen Zeit → oft auch Dämonisierung der als bedrohlich empfundenen rasanten technischen Entwicklung: Eisenbahn **als Schreckenssymbol** einer apokalyptischen Endzeit → Verlust der Poesie des Reisens
  BEISPIELGEDICHT: Justinus Kerner, *Im Eisenbahnhofe* (1845) → Faszination und Schrecken des Eisenbahnzeitalters: *Dampfschnaubend Tier! Seit du geboren, / Die Poesie des Reisens flieht; / Zu Ross mit Mantelsack und Sporen / Kein Kaufherr mehr zur Messe zieht.*
- teilweise **begeisterte Technikbejahung:** Feier der Dampfmaschine als Genius der neuen Zeit

Realistische Strömungen (ca. 1848–1900)

Reales Reisen
- zunehmend Vergnügungs- und Luxusreisen mit **Dampfschiff** oder **Eisenbahn**
- Reisen ans Meer und in die Berge besonders beliebt

Literarische Verarbeitung
- Wandern weiterhin Thema, allerdings vor allem **Wanderung in die eigene Vergangenheit**, vornehmlich in Briefen, Erzählungen und anderen epischen Texten
- Thematisierung von technischen Fortbewegungsmitteln: Kutsche, Schiff, Eisenbahn
- **ambivalenter Blick auf Reisen** in der Lyrik: Drang nach Entdeckungen vs. Anstrengung des Reisens → **oft ironische Darstellung** des Reisens → teilweise Absage an Reisen überhaupt

Kleine Literaturgeschichte der Reiselyrik

BEISPIELGEDICHT: Theodor Fontane, *Unterwegs und wieder daheim* (1895) → Rückbesinnung auf die Vorteile der Heimat: *Die Welt, die fremde, lohnt mit Kränkung, / Was sich, umwerbend, ihr gesellt; / Das Haus, die Heimat, die Beschränkung, / Die sind das Glück und sind die Welt.*
- **Bahnfahrt als Lebensreise** → verzerrte Wahrnehmung wegen hoher Geschwindigkeit
  BEISPIELGEDICHT: Ferdinand von Saar, *Eisenbahnfahrt* (1855) → Erkenntnis des lyrischen Ich über Flüchtigkeit des Lebens: *Und in tiefster Seele klar / wird mir dieses Leben / Wo, was immer ist und war, / Scheint vorbei zu schweben.*
- Thema **Auswanderung**
- Verzicht auf Sehnsucht des romantischen lyrischen Ich, stattdessen passive und reflexive Lebensschau → **Resignation, Melancholie und Einsamkeit statt Aufbegehren**
  BEISPIELGEDICHT: Theodor Storm, *Über die Heide* (1875) → Bewusstwerden der Vergänglichkeit des Lebens auf Herbstwanderung: *Wär ich hier nur nicht gegangen im Mai! / Leben und Liebe – wie flog es vorbei!*
- Beschreibung von **Zugunglücken** als Symbol für Weltgeschichte, die auf Untergang zusteuert
  BEISPIELGEDICHT: Karl Bleibtreu, *Schnellzug* (1886) → Gleichsetzung der raschen Eisenbahnfahrt mit Fortschreiten der Zeit, die nur durch Unglück gebremst werden kann: *Dem Eisenwagen gleichen / Die Räder auch der Zeit – / Mit nimmermüden Speichen / Fortrollend weit und breit. // Doch weiter, weiter! heischen / Wir alle ruhelos – / Wann wird der Notpfiff kreischen: / Weh uns, Zusammenstoß?*

Strömungen der Jahrhundertwende (ca. 1890–1910)

Reales Reisen
- **Auto** als neue, autonome Form des Reisens → Verkehrsmittel nicht mehr nur Mittel zum Zweck, sondern Autofahren als Selbstzweck

Literarische Verarbeitung
- **Begeisterung fürs Autofahren**, das als Ausdruck von **Freiheit** gedeutet wird
- verstärkte Thematisierung der neuen Fortbewegungsmittel und ihres Einflusses auf das Leben der Menschen → Darstellung von **Befürchtungen und Hoffnungen**
- **Reisen als Rückzug** (zum Teil auch Flucht) aus der gegenständlichen Welt und aus der Gesellschaft in ein Reich der Kunst und Schönheit
  BEISPIELGEDICHT: Stefan George, *Wir jagen über weisse steppen* (1891) → rasche Fahrt in wundersame Pflanzenwelt: *Wir jagen über weisse steppen / Der trennung weh verschwand im nu / Die raschen räder die uns schleppen / Führen ja dem frühling zu.*
- Reisen auch als **Ausdruck von Heimatlosigkeit** und fehlender Geborgenheit
  BEISPIELGEDICHT: Hermann Hesse, *Im Nebel* (1905) → Einsamkeit und Entfremdung von der Menschheit: *Seltsam, im Nebel zu wandern! / Leben ist Einsamsein. / Kein Mensch kennt den andern, / Jeder ist allein.*

Expressionismus (ca. 1910–1925)

Reales Reisen
- neue bzw. veränderte Fortbewegungsmittel (Zug, Auto, Flugzeug)

Literarische Verarbeitung
- neben neuen Themen und Inhalten auch **neue Formensprache**
- positive, aber auch negative Erfahrungen mit technischen Errungenschaften

- Belastung der Umwelt durch neue Fortbewegungsmittel
- **Reise als Abenteuer und ekstatisches Daseinserlebnis** → seelische Entgrenzungserfahrung und kosmische Erhöhung
  BEISPIELGEDICHT: Ernst Stadler, *Fahrt über die Kölner Rheinbrücke bei Nacht* (1913) → nächtliche Eisenbahnfahrt über hell erleuchtete Rheinbrücke als geradezu ekstatisches Erlebnis: *Wir fliegen, aufgehoben, königlich durch nachtentrissene Luft, hoch übern Strom. O Biegung der Millionen Lichter, stumme Wacht, / Vor deren blitzender Parade schwer die Wasser abwärts rollen. Endloses Spalier, zum Gruß gestellt bei Nacht!*
- aber auch **Heimat als wahrer Sehnsuchtsort** → Reise als Ich-Suche
  BEISPIELGEDICHT: Gustav Falke, *Wieder daheim* (1916) → nur in der Heimat Berührung des Herzens und Möglichkeit, Gefühlen Ausdruck zu verleihen: *Als wir aber die schlichten Wiesen der Heimat, / die frühlingsgeblümten, wieder betraten, / schien uns nichts so schön als sie, / und uns war, / als hätten unsere Herzen so lange geschwiegen / und fänden nun ihre Sprache wieder.*
- Beschleunigung der Fortbewegung als Symbol für Schnelllebigkeit, **Oberflächlichkeit und Identitätsverlust**
- Flug als Symbol für **Streben der Menschheit, die eigenen Grenzen zu überwinden**

Neue Sachlichkeit und Exillyrik (ca. 1920–1945)

Reales Reisen
- unfreiwillige **Zuflucht in der Fremde** aufgrund von politischer oder religiöser Verfolgung
- Wechsel des Wohnortes, z. T. auch **innere Emigration**

Literarische Verarbeitung
- enge Verknüpfung von Reisen und **Lebensreise**
  BEISPIELGEDICHT: Erich Kästner, *Das Eisenbahngleichnis* (1932) → Eisenbahnfahrt als Metapher für das Leben: *Wir sitzen alle im gleichen Zug / und reisen quer durch die Zeit. / Wir sehen hinaus. Wir sahen genug. / Wir fahren alle im gleichen Zug. / Und keiner weiß, wie weit.*
- Reisen ins **Exil und Rückkehr** in fremd gewordene Heimat
  BEISPIELGEDICHT: Bertolt Brecht, *Rückkehr* (1943) → Befürchtungen vor Rückkehr in die Heimat: *Die Vaterstadt, wie find ich sie doch? / Folgend den Bomberschwärmen / Komm ich nach Haus.*
- Thematisierung der **Bedingungen der Flucht**, des Ankommens in der Fremde und der **Sehnsucht nach der zurückgelassenen Heimat**
  BEISPIELGEDICHT: Mascha Kaléko, *Sozusagen ein Mailied* (1938) → schmerzliches Vermissen der Heimat im Exil: *Manchmal, mitten in jenen Nächten, / Die ein jeglicher von uns kennt, / [...] / Denke ich an den Rhein und die Elbe, / Und kleiner, aber meiner, die Spree. / Und immer wieder ist es das selbe: / Das Denken tut verteufelt weh.*

Lyrik der zweiten Hälfte des 20. Jahrhunderts und Gegenwartslyrik

Reales Reisen
- 1950er-/1960er-Jahre: Aufkommen von **ersten Urlaubsreisen**, v. a. nach Italien
- 1970er-Jahre: zunehmende Entfernung der Reiseziele
- ab Mitte der 1970er-Jahre: Entstehung des modernen **Massentourismus** durch Pauschalreisen
- ab 1990: verstärkte **Migration** nach Deutschland → ab 2015: starker Anstieg der Einreise von Flüchtlingen und Migranten in Europa (**„Flüchtlingskrise"**)

Kleine Literaturgeschichte der Reiselyrik

Literarische Verarbeitung
- bewegter Mensch, statische Landschaft
  BEISPIELGEDICHT: W. G. Sebald, *Schwer zu verstehen* (1964) → kein Verständnis für die Landschaft, wenn man nur schnell an ihr vorbeifährt: *Schwer zu verstehen / ist nämlich die Landschaft, / wenn du im D-Zug von dahin / nach dorthin vorbeifährst, / während sie stumm / dein Verschwinden betrachtet.*
- **Vergeblichkeit des Reisens** als Flucht vor sich selbst oder vor existenziellem Scheitern → **Hinwendung zum eigenen Inneren** statt Suche nach Zerstreuung und Abenteuer in der Ferne
  BEISPIELGEDICHT: Gottfried Benn, *Reisen* (1950) → Aufruf zum Bleiben, statt vor eigenem Ich davonlaufen zu wollen: *Ach, vergeblich das Fahren! / Spät erst erfahren Sie sich: / bleiben und stille bewahren / das sich umgrenzende Ich.*
- zunehmendes **Verschwinden des lyrischen Ich** zeigt Vergänglichkeit des Menschen, aber oft weiterhin Verknüpfung der Reiseerlebnisse mit Innenwelt des lyrischen Sprechers
- beschleunigte und nur noch bruchstückhafte Wahrnehmung → Verlust von Raum- und Zeitgefühl; **Passivität** des Reisenden und **Monotonie** der Reise
  BEISPIELGEDICHT: Wulf Kirsten, *vorübergefahren* (2001) → schnelle Fahrt verhindert tiefere Auseinandersetzung mit der Welt: *nie vernommen, / was da aufzuckt im licht und schon / wieder beiseite gerückt, was stehn- / bleibt, aufrauschendes wortgut, / vorübergefahren.*
- Unterschied zwischen technisierten Massenreisen der Gegenwart und intensiver Naturbetrachtung der Vergangenheit → **Entpoetisierung des Reisens** → kaum Gedichte über modernen Massentourismus
  BEISPIELGEDICHT: Hans Magnus Enzensberger, *Terminal B, Abflughalle* (1999) → Gegenüberstellung der kalten, anonymen Flughafenatmosphäre mit Wundern der Natur: *Doch soviel siehst du mit bloßem Auge, / dass sie vollkommener ist, / die verlorene Feder, / als der hinter dem Isolierglas / auf Position 36 lautlos dröhnende / Jumbojet, den du versäumt hast.*
- **Kritik an mobiler Massengesellschaft** mit Entfremdung, Anonymität und Hektik, aber auch **Feier des Aufbruchs** sowie der Bewegung ohne Ziel
- künstliche Isolation in modernen Verkehrsmitteln → **Frage nach Menschsein und Menschlichkeit**
  BEISPIELGEDICHT: Jan Wagner, *Unterwegs im Nebel* (2001) → Unwirklichkeit des Autofahrens bei Nebel, das die Reisenden von der Welt entfremdet: *die welt war geschrumpft auf die nächste / fahrbahnmarkierung*
- Veränderungen des Reisens durch moderne Entwicklungen wie z. B. den **Klimawandel**
- **Macht der Zeit**, der Menschen unerbittlich unterworfen sind
- gegenwärtige **Migrationsbewegungen:** Flucht und Integration in der Fremde
  BEISPIELGEDICHT: Manfred Peter Hein, *Winterquartier* (2017) → Schwierigkeit der Integration von Flüchtlingen in ihrer neuen Heimat: *Europa uneins – / Wohin mit der fremden Brut / den Brüdern Schwestern // Asyle brennen wie dort / die verlassene Heimstatt*

Auf einen Blick

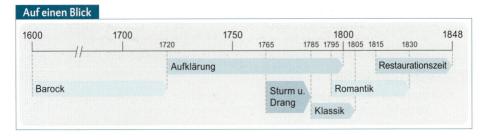

Barock (ca. 1600–1720)

- Hintergründe: Entwicklung der modernen Wissenschaften; Aufblühen des Humanismus; Absolutismus mit extremen sozialen Spannungen; große Religiosität und Religionskonflikte; **Dreißigjähriger Krieg** mit verheerenden Auswirkungen
- **Vanitas** (lat. leerer Schein, Nichtigkeit, Eitelkeit) als Zentralmotiv → **Memento mori** (lat. Gedenke des Todes): Abkehr von der Welt / Konzentration auf das Jenseits oder **Carpe diem** (lat. Genieße den Tag): Genuss des flüchtigen Moments → Streben nach Ordnung in Form und Inhalt
- starkes Formbewusstsein, **Dominanz geregelter Formen** (z. B. **Sonett** mit Alexandriner, um antithetisches Denken auszudrücken); **Regelpoetik**: poetisches Schreiben ausgehend von Regeln
- Lyrik als dominierende Gattung, aber auch Drama (Tragödien mit mythologischen Stoffen) und Epik (v. a. Schäfer- und Schelmenroman)
- vorherrschende Themen: **Krieg, Tod, Vergänglichkeit**, Religion und Scheinwelt

Aufklärung (ca. 1720–1800)

- Hintergründe: (aufgeklärter) Absolutismus; Säkularisierung und Deismus (rationaler Zugang zu Gott); Aufstieg des Bürgertums
- Orientierung an der menschlichen **Vernunft** → distanziertes Verhältnis zu Emotionen → **Empfindsamkeit** mit Aufwertung des Gefühls **als Gegenbewegung**
- **autonomes Individuum** mit Menschenrechten im Zentrum → **Toleranz** als zentraler Wert
- Themen: Ständekritik, Toleranz, Bildung, **Humanität, Erkenntnisfähigkeit** des Menschen
- Stilideal der **Klarheit und Verständlichkeit**
- **lehrhafte Kurzformen** der fiktionalen Literatur: Fabel, Parabel, Lehrgedicht, Epigramm, Ode und Fortsetzungsroman → Literatur soll nützlich sein

Sturm und Drang (ca. 1765–1785)

- Hintergründe: große soziale Ungerechtigkeit; absolutistische Machtpolitik und Fürstenwillkür → Aufbegehren der jungen Generation
- **starker Subjektivismus** mit Mensch als erlebendem und empfindendem Subjekt im Mittelpunkt → **Gefühlskult und Aufbruchsstimmung**
- Aufwertung der Emotionalität als **Gegenbewegung zum Rationalismus der Aufklärung**
- jugendliche **Protestbewegung**, die Fürstenwillkür, soziale Ungleichheit, materielle Not und rigide Moralvorstellungen anprangert
- Autonomie des Künstlers und seines Kunstwerkes → **Geniekult, Schöpfergedanke**
- Abkehr von Regelpoetiken → **Leidenschaftlichkeit der Sprache**: Ausrufe, Hyperbeln, Metaphern, Kraftausdrücke und Neologismen

Literaturgeschichte

- Themen: **Herz**, Natur, Freundschaft, **Liebe, Freiheit**, politischer Widerstand, Gerechtigkeit
- **Erlebnislyrik:** Wiedergabe der unmittelbaren Empfindungen des lyrischen Ich in freien Rhythmen, reimlosen Versen und hohem Pathos, aber auch in Einfachheit des Volkslieds
- freiere Formen (z. B. offenes Dramas); Briefroman zur Ausgestaltung individuellen Erlebens

Klassik (ca. 1786–1805)

- Hintergründe: Französische Revolution mit Terrorherrschaft; „Musenhof" unter Herzogin Anna Amalia in **Weimar** (Zusammenarbeit von **Goethe und Schiller**)
- Leitgedanken: **Harmonie**, Ausgleich der Gegensätze, **Würde, Humanität**, Toleranz, Selbstbestimmung, Beherrschung und Mäßigung (*Edle Einfalt, stille Größe*)
- **Ideal des Guten, Wahren und Schönen** → Forderung nach ethischer Vervollkommnung durch Orientierung an der Antike → **Erziehung des Menschen** als Aufgabe der Kunst
- überzeitliches **Humanitätsideal** → historische Umstände, Alltagssprache oder politisches Ideal spielen keine Rolle → Vorwurf an Klassik, bestehende Verhältnisse zu stützen
- Themen: Humanität, **Freiheitsidee, Harmonie von Pflicht und Neigung**
- Ideal der **Formstrenge:** harmonische Verbindung von Inhalt, Sprache und Aufbau
- Lyrik: klassische Formen (z. B. Elegien und Epigramme); Drama: metrisch gebundene Sprache, hoher Stil, geschlossene Form, historische/antike Stoffe; Epik: Bildungsroman

Romantik (ca. 1795–1830)

- Hintergründe: Französische Revolution mit Terrorherrschaft; zunehmendes Nationalbewusstsein durch Kriege gegen Napoleon
- Idee der Abhängigkeit des Menschen von einem Absoluten oder Unendlichen → Wiederannäherung an religiöse Denkformen → Poesie als Medium des Absoluten (**Universalpoesie**, in der alle Gattungen und Künste vereint sind) → Streben nach **Gesamtkunstwerk**
- Blick nach innen → „**Blaue Blume**" als Symbol für metaphysische **Sehnsucht nach dem Fernen und Unerreichbaren** sowie den eigentlichen Seinszusammenhängen
- Themen und Motive: Natur als Bereich des Unendlichen, **Sehnsucht, Traum, Wahnsinn**, Entgrenzung, Einsamkeit, Vergänglichkeit, Reisen, Wandern, Nacht, Fantastisches
- Idealisierung des Mittelalters und aufkommendes Nationalbewusstsein → Interesse an Volksdichtung, z. B. **Volkslied, Märchen** → leichte Verständlichkeit, Wohlklang, „musikalische" Sprache
- Anschreiben **gegen Philistertum und Bürgerlichkeit**
- „**romantische Ironie**": Aufzeigen der Unerreichbarkeit des Absoluten durch Texte, die sich selbst und ihre Entstehungsbedingungen reflektieren oder kommentieren
- Roman als universale Form, in der Lyrik enthalten ist (kaum Dramen)

Restaurationszeit (ca. 1815–1848)

- Hintergründe: Wiener Kongress 1815 und Restaurationspolitik; **Märzrevolution** 1848 – zunehmende Einschränkung der Freiheit, Zensur → verschiedene Strömungen: **Biedermeier** (Resignation, Rückzug ins Private), **Vormärz** und **Junges Deutschland** (politisches Aufbegehren)
- rationale Haltung und Orientierung an Fakten → Abkehr von der Romantik
- Themen des Biedermeier: **Familie, Ordnung, Beschaulichkeit**, Idylle → **heile poetische Welt**
- Themen des Vormärz und des Jungen Deutschlands: **soziale und politische Missstände** → **Kampf gegen soziales Elend und Unterdrückung** als Aufgabe der Literatur
- Veröffentlichungen in Zeitungen und Zeitschriften → vorwiegend kleinere literarische Formen

Allgemeines

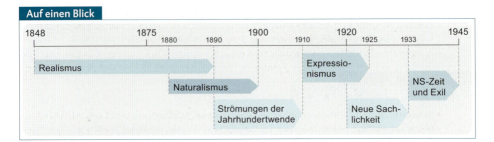

Realismus (ca. 1848–1890)

- Hintergründe: Scheitern der Revolution von 1848; Gründung des Deutschen Kaiserreichs 1871 → preußischer Militarismus; Bürgertum als führende Schicht; Verschärfung der Sozialen Frage durch Industrialisierung; Verstädterung → **Orientierungslosigkeit** durch Verlust von Normen
- „**objektive**" **Schilderung** der unmittelbaren Lebenswelt, aber **Ausklammerung des Hässlichen/Niederen** sowie der Sozialen Frage → **Poetisierung** der Wirklichkeit
- Bürgertum als tragende Schicht → Darstellung **bürgerlicher Milieus und Ideale**, aber auch **historischer Stoffe** mit überzeitlichem Geltungsanspruch → Streben nach Nationalliteratur
- Themen: **Liebe, Vergänglichkeit, Heimat, Naturerleben**
- Entstehung eines Literaturmarktes → Verbreiterung der Leserschaft → **Unterhaltungsliteratur**
- Roman und Novelle als zentrale Gattungen; in der Lyrik v. a. Balladen
- Stil: gewählte, **neutrale Sprache**; **Humor und Ironie**

Naturalismus (ca. 1880–1900)

- Hintergründe: **Milieutheorie = Mensch als Produkt der ihn umgebenden Verhältnisse:** Vererbung, Milieu, historische Umstände; **Industrialisierung und Proletarisierung** → Verschärfung der Sozialen Frage, Anwachsen der Großstädte zu Metropolen
- **radikalisierter, konsequenter Realismus** mit Wegfall der verklärenden Poetisierung → Blick auf **hässliche Wirklichkeit sozialen Elends** und Kritik an sozialen Verhältnissen
- „Kunst = Natur – X" (A. Holz): **möglichst Entsprechung von Kunst und Natur**, Faktor X (Autor und seine Subjektivität) soll möglichst klein sein
- Themen: **Armenmilieus, Familienprobleme** unterer Schichten, **Doppelmoral, Großstadt**, dunkle und hässliche Seiten des Lebens, Kriminalität, Geisteskrankheit, Alkoholismus
- **sozialkritisches Drama** als bedeutendste Gattung
- präzises Beobachten, **Sekundenstil** (Erzählzeit = erzählter Zeit), natürliche Sprache (z. B. Dialekt)

Strömungen der Jahrhundertwende (ca. 1890–1910)

- Hintergründe: Infragestellen der Selbstbestimmtheit des Menschen durch die **Psychoanalyse**; starrer Wilhelminismus → Entstehung eines grundlegenden **Krisenbewusstseins** → Strömungen des **Impressionismus und Symbolismus** als Weg nach innen mit quasireligiöser Aufladung
- Idee einer reinen, sich selbst genügenden Kunst („l'art pour l'art") als **Gegenströmung zum Naturalismus → keine politische Funktion der Kunst**, sondern Flucht in eine Gegenwelt
- Träger: großbürgerliche Bohème, die sich in Kaffeehäusern selbst feiert
- **Impressionismus:** Wiedergabe eines subjektiven Sinneseindrucks mit höchster Intensität

Literaturgeschichte

- **Symbolismus:** Absolutheitsanspruch der Kunst, gegen Abbildungsfunktion der Kunst gerichtet
- Themen: **Abgrenzung zum naturalistischen Erfassen** der Realität, Besinnung auf das „Ich", Individualität, Subjektivität, Sprache, Kultur, Vergänglichkeit
- kürzere, zum Teil auch experimentelle Formen; **symbolische Verdichtung, Verfeinerung der Sprache**, Auflösung traditioneller Formen, **Bewusstseinsstrom**, innerer Monolog, erlebte Rede

Expressionismus (ca. 1910–1925)

- Hintergründe: **Verstädterung** und Anonymisierung, technischer Fortschritt, erstarrte wilhelminische Gesellschaft → verschärftes Krisenbewusstsein, **Sinnkrise**, Erster Weltkrieg
- Pathos des Aufbruchs und unbedingter Wille zum **Ausdruck des Erlebens**
- Bedrohung des Subjekts durch **Ich-Zerfall** → Darstellung des Körpers in Verfallszuständen
- pathetische **Beschwörung eines neuen Menschen**, der Liebe und Verbrüderung lebt (**„O-Mensch!"-Expressionismus**)
- **Großstadt** (v. a. Berlin) als Ort der Reizüberflutung, Orientierungslosigkeit und Anonymität
- Erfahrung der Verhältnisse des Kaiserreichs als verkrustet → **Kriegsbegeisterung** bei einigen Autoren – nach Kriegserfahrung häufig **Pazifismus** und Verarbeitung der Erlebnisse
- Themen: Lebens- und Vitalkult, **Krieg** und Pazifismus, **Weltende und Apokalypse**, Krise des Ich, Tabus (Ästhetik des Hässlichen: Geisteskrankheit, Prostitution, Verbrechen), **Großstadt**
- **Lyrik** als präsenteste Gattung → **Reihungsstil**, elliptische Konstruktionen, Neologismen, Farbmetaphorik, Auflösung syntaktischer Regeln, Verdinglichung
- Dramatik: **Stationendrama** (lose Szenenfolge), **Wandlungsdrama** (Wandlung eines Einzelnen)

Neue Sachlichkeit (ca. 1920–1933)

- Hintergründe: von vielen abgelehnte Weimarer Republik; wirtschaftliche Schwierigkeiten aufgrund von Reparationslasten; „Goldene Zwanziger" mit kultureller Vielfalt
- dezidierte **Abkehr vom Expressionismus** und Hinwendung zur **Lebensrealität** mit ihren sozialen und wirtschaftlichen Verhältnissen und zum **sachlich-nüchternen Schreiben**
- Bewusstsein von Desillusionierung und Übergang in eine neue Zeit (Schwellenzeit-Gefühl)
- Themen: Großstadt, Verarbeitung des Kriegs, **Probleme der „kleinen Leute"**, Alltagsleben
- **Gesellschafts- und Zeitromane**, Dokumentartheater und **Episches Theater**
- Mischung von **journalistischen, dokumentarischen und literarischen Anteilen** → kühldistanzierte, **einfache, verständliche Sprache**

NS-Zeit und Exil (1933–1945)

- Hintergründe: **nationalsozialistische Herrschaft** mit totalitärer Durchdringung des gesamten Lebens → **„Gleichschaltung"** der Kunst und Literatur durch Bücherverbrennung, Verfolgung und Zensur; **Zweiter Weltkrieg**, Erfahrung des Exils → Freitod zahlreicher Autoren
- **NS-Literatur:** regimekonform; **Gestaltung ideologischer Motive** wie Rasse, Führertum, Deutschtum, Kampf, Gewalt, Blut-und-Boden-Ideologie → stereotype Metaphern
- **innere Emigration: getarntes Schreiben** als geistige Opposition gegen Ungeist des NS-Regimes → gehobene, oft verschlüsselte Sprache; Schreiben in europäisch-humanistischer Tradition
- **Exilliteratur:** Humanität, Opposition zur NS-Ideologie, Zeigen des „anderen" Deutschlands
- Roman vorherrschende Gattung (Reflexion der eigenen Situation), Drama nur Nebenrolle (Ausnahme: Bertolt Brecht), Verarbeitung der emotionalen Situation in der Lyrik
- Abkehr vom Stil des Expressionismus → Bevorzugung traditioneller Formen

Allgemeines

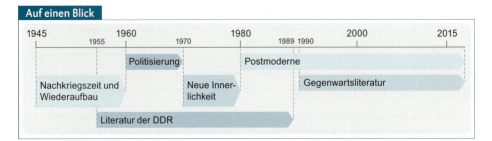

Auf einen Blick

1945 — 1955 — 1960 — 1970 — 1980 — 1989 1990 — 2000 — 2015

- Politisierung
- Postmoderne
- Nachkriegszeit und Wiederaufbau
- Neue Innerlichkeit
- Gegenwartsliteratur
- Literatur der DDR

Literatur der Nachkriegszeit und des Wiederaufbaus (1945 – ca. 1960)

- Hintergründe: Ende des Zweiten Weltkriegs; **Welt in Trümmern**; „Stunde Null"; Aufteilung Deutschlands in vier Besatzungszonen; **Wiederaufbau**; Gründung der Bundesrepublik und der DDR; „Kalter Krieg"; Wirtschaftswunder; Scham, Schuld, Verdrängung angesichts der NS-Zeit
- „**Trümmerliteratur**": Betonung der Traumatisierung durch Krieg und Zerstörung
- „**Literatur des Kahlschlags**": Betonung des Neubeginns wegen Belastung der Sprache durch Missbrauch im NS-System → Frage, inwieweit Dichtung nach NS-Verbrechen noch möglich ist
- Themen: Schrecken des Kriegs, **Heimkehr**, Orientierungslosigkeit, Schuld, Scham, Klage und Anklage, Versuch der **Aufarbeitung der Vergangenheit**
- Aufkommen der **Kurzgeschichte**, zeitkritische Dramen, oft hermetische Lyrik mit schwer verständlichen Chiffren oder konkrete Poesie als sprachexperimentelle Lyrik
- Stilideal der **Nüchternheit**, Verzicht auf Pathos → **schmucklos-karge Sprache**, indirekte Ausdrucksformen (Parabeln, Chiffren, Gleichnisse)

Politisierung der Literatur (1960er-Jahre)

- Hintergründe: existenzielle Bedrohung durch „Kalten Krieg" → **Angst vor einem Atomkrieg**; Vietnamkrieg → Distanzierung von den USA; Große Koalition → Entstehung der **APO** → **68er-Bewegung** als Protestbewegung mit antiautoritären und pazifistischen Zielen
- Diskussionen über Verhältnis von Literatur und Politik → Gesellschafts- und Zeitkritik als Aufgabe der Literatur → **Politisierung der Literatur**
- Themen: **gesellschaftspolitische und soziale Probleme**, **Kritik an Verdrängung der NS-Vergangenheit**, Frage nach Rolle der Eltern im NS-Staat, deutsche Teilung
- politischer Zeitroman, **Dokumentartheater**, **politische Lyrik** und experimentelle Gedichte
- Forderung von Verständlichkeit und Abkehr von jeglichen Ideologien → teilweise Auflösung der Grenzen zwischen literarischen und nicht-literarischen Formen

Neue Innerlichkeit/Neue Subjektivität (1970er-Jahre)

- Hintergründe: Rückzug vom Politischen vs. Radikalisierung (**RAF**-Terror); Entstehung der **Frauenbewegung**; Entspannung im Ost-West-Konflikt (Ostpolitik Brandts, KSZE-Schlussakte)
- **Resignation und Identitätssuche** → Aufwertung des Individuums und seiner Subjektivität → **Neue Subjektivität/Neue Innerlichkeit:** Gestaltung subjektiver Wirklichkeit und Verarbeitung innerer Erfahrung → Tendenz zu **autobiografischer Bekenntnisliteratur**
- gesellschaftskritische **feministische Literatur** mit Infragestellung traditioneller Rollenbilder
- Themen: **Selbstfindung, Selbsterfahrung und Innenschau**, Alltag und Beziehungen, Erleben des Einzelnen im Spannungsfeld zur Gesellschaft, Gewaltstrukturen im Geschlechterverhältnis

Literaturgeschichte

- Lyrik und Epik als bevorzugte Gattungen zur Darstellung von Innerlichkeit
- Streben nach **Authentizität:** Tendenz zu sprachlicher Kunstlosigkeit und Umgangssprache, zugleich emotionale und subjektive Sprache

Postmoderne (Strömung der 1980er-Jahre bis heute)

- Hintergründe: **Ökologie** als neues Thema in der Politik; allmähliche Liberalisierung des Ostblocks durch Gorbatschow; atomare, ökologische, soziale Katastrophen → neues **Krisenbewusstsein**
- zunehmende **Vielgestaltigkeit der Literatur** und Fortwirken der Tendenzen der 1970er-Jahre
- Nebeneinander verschiedener „Literaturen": Jugendliteratur, Trivialliteratur, experimentelle Literatur, gesellschaftskritische Literatur
- Annahme der Beliebigkeit von Wirklichkeit → **Infragestellen von Ideologien und Werten**
- **Konstruktivismus:** Wahrheit als gesellschaftliches Konstrukt → Pluralität von Sinnentwürfen
- Aufwertung der **Unterhaltsamkeit von Literatur** → Öffnung hin zu „Trivialgattungen" wie Schauerroman oder Kriminalroman
- Roman als bevorzugte Gattung → zahlreiche **intertextuelle Bezüge**
- Nebeneinander und **Montage verschiedener Stile und Formen**, Vorliebe für **Ironie**

Literatur der DDR (1950–1989)

- Hintergründe: Gründung der **DDR** als Teil des totalitär regierten, sozialistischen Machtblocks unter der Herrschaft der Sowjetunion; Abschottung gegenüber dem Westen; **Stasi** → Kontrolle und **Zensur**; ab 1985 Stärkung der Bürgerrechtsbewegung; 1989 friedliche Revolution/Mauerfall
- staatlich verordnete Strömung des **Sozialistischen Realismus:** antifaschistisch, antikapitalistisch, arbeiternah → Ideal des selbstlosen und leistungsbereiten Arbeiters für das Gemeinwohl
- staatlich verordnete **Aufbauliteratur** der 1950er-Jahre: Überlegenheit des Sozialismus gegenüber Faschismus/Imperialismus
- **„Bitterfelder Weg":** Arbeiter als Schriftsteller und Schriftsteller als Arbeiter → **Idealisierung des Arbeiters** in der Literatur
- staatlich kontrollierte **Ankunftsliteratur** der 1960er-Jahre: Einrichten im Sozialismus
- **nicht systemkonforme Literatur:** subversive Aussagen, die durch Anspielungen, Verschlüsselungen und Verlegungen des Stoffs in den Mythos an Zensur vorbeikommen
- Epik und Lyrik als zentrale Gattungen; Liedtexte als kritische Ausdrucksform

Tendenzen der Gegenwartsliteratur (1990 – heute)

- Hintergründe: Wiedervereinigung 1990; Vormarsch **digitaler Massenmedien** (Internet, Smartphones, E-Books, soziale Netzwerke); islamistische Terroranschläge und Kampf gegen den Terror; **Globalisierung**; Flüchtlingsproblematik; Umgang mit Daten
- **Pluralismus:** gleichberechtigtes Nebeneinander verschiedener Menschenbilder und Kulturen → Herausforderung für Literatur, komplexer werdende Welt zu verarbeiten
- **Vermarktbarkeit** als zentrales Kriterium für Literatur → zunehmende Produktion von **Unterhaltungsliteratur** bzw. von Übersetzungen aus dem Ausland
- Themen: **Identität des Einzelnen** in globalisierter Welt, Auseinandersetzung mit DDR **(Wendeliteratur)**, provokante Selbstinszenierung junger Schriftsteller und Aufgreifen von Alltagsthemen **(Popliteratur)**, Fremdheitserfahrung **(interkulturelle Literatur)**, biografisches Schreiben
- Roman als vorherrschende Textform
- facettenreiche Sprache, die z. T. an Ausdruckskraft verliert (→ Ausrichtung auf breites Publikum)

Allgemeines

Sachtexte

Essay
- geistreiche und sprachlich anspruchsvolle Abhandlung zu einem Thema aus z. B. Wissenschaft, Politik, Gesellschaft, Literatur, Religion (auch: Gedankenspaziergang vor den Augen des Lesers)
- ausgehend von konkreter Fragestellung werden in freier, oft unsystematischer Form Pro- und Kontrapositionen rhetorisch geschickt dargestellt, wobei persönliche Ansichten und Erlebnisse im Vordergrund stehen können
- gekennzeichnet durch Leichtigkeit, Unbefangenheit und stilistische Virtuosität, oft Verzicht auf objektive Nachweise und definitive Antworten

Glosse
- zugespitzte, wertende Anmerkung zu tagesaktuellem Thema mit abschließender Pointe
- satirische Form des Kommentars, oft zahlreiche rhetorische Mittel (z. B. Hyperbel, Ironie)

Interview
- Wiedergabe eines Frage-Antwort-Gesprächs zwischen Journalist und einer oder mehreren Personen (meist des öffentlichen Lebens, d. h. aus Film/Fernsehen, Politik, Sport usw.)
- Ziel ist z. B. Klärung eines strittigen Sachverhalts, Vorstellung einer Person, Meinungsäußerung

Kommentar
- subjektiv wertender Meinungsbeitrag zu aktuellem bzw. allgemein bekanntem Thema
- Autor (immer namentlich genannt) legt persönlichen Standpunkt sprachlich geschickt dar, versucht Leser argumentativ zu überzeugen, teils ironisch-spöttischer Stil
- beginnt meist mit Hintergrunderläuterungen zum Thema und endet mit Fazit bzw. Appell

Rede
- öffentlicher Vortrag (basierend auf schriftlichem Konzept) zu einem gesellschaftlichen, privaten oder geschäftlichen Thema, oft mit dem Ziel, Zuhörer von den eigenen Ansichten zu überzeugen
- geschickter Einsatz rhetorischer Mittel und Adressatenbezug durch direkte Ansprache

Rezension
- anschaulich und präzise formulierte Zusammenfassung und persönliche Bewertung eines Buchs, einer Theaterinszenierung oder eines Films
- Ziel: Leser informieren und ggf. Empfehlung abgeben

Epik

Fabel
- unterhaltsame Erzählung von geringem Umfang mit lehrhafter Schlusspointe
- die Handelnden sind Tiere, die für menschliche Eigenschaften stehen (z. B. Biber → Fleiß)
- endet in der Regel mit „Moral" = Lehre für den Menschen

Kurzgeschichte
- Geschichte, die in einem Zug zu lesen ist (< 20 Seiten)
- handelt meist von alltäglichen Begebenheiten, die eine überraschende Wendung nehmen
- wenige Figuren, oftmals „Typen" (keine Namen, übertragbar)
- in der Regel nur ein Handlungsstrang, umfasst relativ kurze Zeitspanne, kein Ortswechsel
- beginnt mit unmittelbarem Einstieg, keine Vorstellung der Figuren, rascher Handlungsverlauf (→ Höhepunkt), endet offen (d. h. mehrere Ausgänge der Handlung denkbar)

Textsorten

Märchen
- Ort und Zeit unbestimmt, formelhafte Sprache *(Es war einmal ...)*
- Figuren/Verhalten in „gut" und „böse" einteilbar, das Gute gewinnt → belehrender Charakter
- Gegenstände und Figuren aus mittelalterlicher Gesellschaft *(Königssohn)* oder magischer Welt *(Zauberspiegel)*, übernatürliches Geschehen *(Hexerei)*, oft magische Zahlen *(3, 7, 12)*

Novelle
- Erzählung mittlerer Länge, in deren Mittelpunkt ein außergewöhnliches Ereignis steht
- Handlung in der Regel einsträngig mit Höhe-/Wendepunkt und geschlossenem Ende
- oft Leitmotive oder wiederkehrende Dingsymbole, Einfluss des Zufalls auf Schicksal der Figuren

Roman
- Erzählung von großem Umfang mit zahlreichen komplexen Figuren und Handlungsverläufen
- oft psychologisch ausgestaltete Hauptfigur
- zahlreiche Genres: Kriminalroman, Liebesroman, Abenteuerroman, Fantasyroman usw.

Dramatik

Komödie
- unterhaltsames, humorvolles Theaterstück, oftmals mit klassischem Aufbau (fünf Akte)
- Protagonisten geraten aufgrund ihrer Schwächen in Konflikt, der sich immer weiter verschärft
- endet mit glücklicher Auflösung des Konflikts, in der Regel gewinnen die „Guten"

Tragödie
- tragisches, emotional bewegendes Theaterstück, oft mit klassischem Aufbau (fünf Akte)
- Protagonisten geraten durch schicksalhafte Fügungen (z. B. Verlieben in die „falsche Person") oder menschliche Fehltritte in schwerwiegenden Konflikt
- endet meist mit dem dramatischen Tod des Helden/der Heldin und weiterer Figuren

Lyrik

Ballade
- Gedicht, in dem auf anschauliche, lebendige Weise eine Geschichte erzählt wird (Erzählgedicht)
- formal: Strophen, Verse, Reime, Metrum; sprachlich: oft wörtliche Rede; inhaltlich: spannender Handlungsverlauf (Themen: z. B. Liebe, Heldentaten) → vereint Lyrik, Epik und Dramatik

Lied
- sangbares Gedicht mit durchgängig der gleichen Strophenform (meist Übereinstimmung der Strophe mit einem Satz)
- alternierende Verse mit Kreuz- oder Paarreim und schlichte, gut verständliche Sprache
- oft unmittelbarer Ausdruck lyrischer Empfindungen bzw. individuellen Erlebens → besondere Beliebtheit in der Romantik

Sonett
- sprachlich und formal kunstvoll gestaltetes Gedicht
- in der Regel strenger Aufbau: zwei Quartette (Strophen aus vier Versen) gefolgt von zwei Terzetten (Strophen aus drei Versen)
- häufig inhaltlicher Gegensatz zwischen Quartetten und Terzetten, letzte Verse oft wie Pointe

Allgemeines

Stilmittel	Beispiel
Akkumulation: Anhäufung von Wörtern ohne Nennung eines Oberbegriffs	Sonne, Mond und Sterne
Allegorie: systematisierte Metapher, die durch Reflexion erschließbar ist	Justitia (Gerechtigkeit)
Alliteration: aufeinanderfolgende Wörter mit gleichem Anlaut	wunderbare Welt, Kind und Kegel, zehn zahme Ziegen
Allusion: Anspielung	Du weißt, was ich meine.
Anapher: gleicher Anfang aufeinanderfolgender Sätze/Verse	Gehe nach Hause. Gehe dorthin, so schnell du kannst.
Anrede: Hinwendung an den Adressaten	Meine Damen und Herren, ...
Antithese: einander entgegengestellte Begriffe, Bedeutungen oder Gedanken	Ruhe auf dem Land, Lärm in der Stadt, Himmel und Hölle
Aphorismus: knapp formulierter Sinnspruch	Die Zeit heilt alle Wunden.
Archaismus: veralteter sprachlicher Ausdruck	Seid gegrüßt, holde Maid!
Assonanz: vokalischer Gleichklang	sobald, Obacht, Wohlklang
Asyndeton: Reihung ohne Konjunktionen	Er kam, sah, siegte.
Chiasmus: Überkreuzstellung	Der Einsatz war groß, klein war der Gewinn.
Chiffre: Zeichen, dessen Inhalt rätselhaft und letztlich nicht zu erfassen ist	Purpurne Seuche, Hunger, der grüne Augen zerbricht.
Diminutiv: Verkleinerungsform	Blümlein, Mäuschen
Ellipse: unvollständiger Satz, fehlende Satzteile	Je früher, desto besser.
Enjambement: Satz greift auf nächsten Vers über	Die Wolken fliegen / über das weite Land.
Epipher: gleiches Ende aufeinanderfolgender Sätze/Verse	Alle lieben den Hund. Die Nachbarn reden nur noch über diesen struppigen Hund.
Euphemismus: beschönigende Umschreibung, Untertreibung	Wir müssen Personal abbauen. (anstatt: Wir müssen unseren Mitarbeitern kündigen.)
Exclamatio: Ausruf	Hoch soll er leben!
Geminatio: unmittelbare Wiederholung eines Wortes oder Satzteils	Geh, geh!
Hyperbel: sehr starke Übertreibung	Ich warte hier schon drei Millionen Jahre auf dich.
Inversion: Abweichung von normaler Satzstellung	Am Straßenrand eine seltene Pflanze ich sah.
Ironie: versteckter Spott, gemeint ist das Gegenteil von dem, was geschrieben bzw. gesagt wird	Du bist mir ja ein Superhirn! (anstatt: Das war dämlich von dir.)

Stilmittel

Stilmittel	Beispiel
Klimax: (meist dreischrittige) Steigerung	Sie kicherten, lachten, grölten.
Lautmalerei: Nachahmung eines (Natur-)Lautes	Klingeling, Kikeriki, Ticktack
Litotes: Bejahung durch doppelte Verneinung	Die Schüler sind nicht unwillig.
Metapher: bildhafter Ausdruck mit übertragener Bedeutung, Vergleich ohne Vergleichspartikel	Du bist die Sonne meines Lebens. Dein Haar ist flüssiges Gold. Wir stehen am Fuß des Berges.
Metonymie: Verwendung eines Ausdrucks in übertragener Bedeutung (Gesagtes und Gemeintes stammen aus demselben Wirklichkeitsbereich)	Deutschland jubelt, Kafka lesen, eine Tasse trinken
Neologismus: Wortneuschöpfung	Himmelsengelsstimme
Oxymoron: Kombination aus Wörtern, die sich widersprechen	bittersüß, alter Knabe, Hallenfreibad, Eile mit Weile
Paradoxon: inhaltlich unlogische und widersinnige Aussage, meist in Form eines ganzen Satzes	Der Schmerz des Verlusts erfüllte sein Herz mit Freude.
Parallelismus: aufeinanderfolgende Sätze oder Satzteile mit gleichem Satzbau	Nina traf Nils im Park. Max besuchte Tatjana im Café.
Parenthese: Einschub	Dieses Buch – ich möchte ehrlich sein – hat mir nicht gefallen.
Periphrase: Umschreibung eines Begriffs	„der Gefallene" für „Sünder"
Personifikation: Gegenständen oder abstrakten Begriffen werden menschliche Fähigkeiten/Eigenschaften zugeschrieben	Der Wind spielte mit ihrem Haar und streichelte ihre Wange.
Pleonasmus: Häufung sinngleicher Wörter	Sie ist brav, nett, lieb.
Polysyndeton: Verbindung zwischen Wörtern und Satzteilen durch mehrmalige Wiederholung derselben Konjunktion	Und es wallet und siedet und brauset und zischt.
Rhetorische Frage: Scheinfrage, erwartet keine Antwort	Wer hat noch nie einen Fehler gemacht? Hast du vollkommen den Verstand verloren?
Symbol: Sinnbild, das für Abstraktes steht	rote Rose (für Liebe), weiße Taube (für Frieden)
Synästhesie: Vermischung von Sinnesgebieten	goldene Töne
Synekdoche: Ein Teil steht für das Ganze (auch Pars pro toto) oder das Ganze steht für einen Teil (auch Totum pro parte).	ein Dach über dem Kopf haben, eine Bibliothek lesen
Vergleich: bildhafter Ausdruck, durch Vergleichswort *(wie, als)* mit Gemeintem verknüpft	Sie ist leicht wie eine Feder, er ist schwer wie ein Elefant.

Abi geschafft – und jetzt ?

Ausbildung machen zum*zur Tierfuttertester*in?

Duales Studium im Bereich Holztechnik?

Oder Studium der Provinzialrömischen Archäologie?

Erstmal in ein Klingonisch-Sprachcamp?

Bei der Orientierung im Ernst des Lebens helfen unsere Ratgeber zur Studien- und Berufswahl

   www.pearson.de   **STARK**